Soul Position

Digitalisierung & Online-Sichtbarkeit

Manifestiere dir das Business, das du wirklich willst – nach dem Gesetz der Anziehung

Ein spiritueller Businessratgeber

Dr. Christina Sternbauer

Soul Position - Digitalisierung & Online-Sichtbarkeit
Manifestiere dir das Business, das du wirklich willst – nach dem Gesetz der Anziehung - Ein spiritueller Businessratgeber

1. Auflage 2022

Liebe Lesende, wir haben unser Bestes gegeben, um sämtliche Geschlechter in diesem Buch anzusprechen, und weitestgehend genderneutrale Begriffe gewählt. Trotzdem kann es vorkommen, dass aus Gründen der besseren Lesbarkeit bei Personenbezeichnungen und personenbezogenen Hauptwörtern ausschließlich die männliche Form verwendet wird. Entsprechende Begriffe gelten im Sinne der Gleichbehandlung grundsätzlich für alle Geschlechter und beinhalten keine Wertung.

INHALT

Vorwort von Hermann Scherer

Online-Sichtbarkeit ist die neue Währung unserer Zeit. So viele absolut fähige Experten sind schon von anderen überholt worden. Und das, obwohl sie die Dienstleistung, die die anderen anbieten, sehr viel besser abliefern könnten. Aber was nützt das Können, wenn niemand dich mit deiner Kompetenz sieht?

Ich bin Hermann Scherer, Multimillionär, Keynote-Speaker, Berater und mehrmaliger Bestseller-Autor. Ich kenne die Coaching-Branche sowie sehr viele andere Wirtschaftsbranchen sehr gut.

Ich mache Menschen zu Marken, damit sie das verdienen, was sie wert sind, und sie die Bühnen dieser Welt und den Logenplatz im Kundenkopf erobern. Ich habe über 40 Menschen auf die Liste der TOP 100 Erfolgstrainer begleitet und mit über 125 die TOP 500 Liste erobert. Darunter auch Dr. Christina Sternbauer.

Christina war für viele Teilnehmer in meinen Programmen immer wieder ein Pacemaker, eine wahre Schrittmacherin. Oft war sie diejenige, die den Weg bereitet hat. Sie war immer zur Stelle, wenn es darum ging, für Menschen mit hoher Expertise, die ihr Wissen in die Welt tragen möchten, den Weg in die Sichtbarkeit zu ebnen. Dabei ist sie großzügig mit ihrem Wissen rund um Digitalisierung, Online-Sichtbarkeit und spirituellen Business-Aufbau. Um ein Leuchtturm in deiner Branche zu werden, brauchst du ihr Buch. Denn eine nicht kommunizierte Leistung ist eine nicht erbrachte Leistung.

Mache deine Qualität sichtbar und erschaffe das Business, das du wirklich willst! Mit Christina hast du einen Leuchtturm, der dir stets den Weg zeigt. Ich bin überzeugt, dass dieses Buch jedem Menschen dient, der mehr Sichtbarkeit erlangen und endlich angemessen hohe Preise für seine wertvolle Leistung abrufen möchte.

Viel Freude mit diesem Meisterwerk!

Dein Hermann Scherer

Vorwort von Christina Sternbauer

Was ist eigentlich „normal"?

Kindergarten – Schule – Studium – Beruf. Der klassische Weg für viele Therapeuten, Coaches, Expertinnen und Experten und Heilberufler. Es ist normal, in einem System zu arbeiten, in dem der Mensch zur Nummer seiner Krankenversicherungskarte verkommt. Starre Arbeits- und Öffnungszeiten und die Anzahl der abgerechneten „Scheine" bestimmen den Alltag vieler dieser Spezialisten, also vielleicht auch deinen. Deinen Job machst du zwar gut und deine Klienten und Patienten sind bei dir perfekt aufgehoben, doch Zeit für dich und deine Liebsten, geschweige denn für Hobbys oder ein gutes Buch, bleibt kaum. Du tauschst Zeit gegen Geld, und das jeden Tag. Das ist dein „Normal".

Doch du hast erkannt: So kannst und möchtest du nicht mehr weitermachen. Du suchst nach einer Möglichkeit, dein wertvolles Wissen, das du in den vielen Jahren deiner Tätigkeit als Coach, Trainerin, Berater, Therapeut oder Ärztin erworben hast, nicht mehr nur einer Handvoll Menschen zur Verfügung zu stellen. Du möchtest mehr erreichen. Mehr Menschen, mehr Freiheit, mehr Zufriedenheit, mehr Glück. Du wünschst dir Kribbeln im Bauch, Freude an jeder Minute deines Lebens

und Inspiration. Nicht nur für dich, sondern auch für viele andere. Du möchtest raus aus dem „Normal", denn du weißt, wenn du so weitermachst wie bisher, brennst du aus.
Mein Name ist Dr. Christina Sternbauer und ich bin Ärztin, Therapeutin und Mentorin für Menschen wie dich. Menschen, die ihre unglaubliche Expertise und ihr Wissen in die Welt tragen möchten. Menschen, die erkannt haben, dass es mehr geben muss als nur Weiterempfehlungen zufriedener Kunden. Menschen, die mehr wollen: mehr Wirkung, mehr Zeit, mehr Geld und mehr Sichtbarkeit. Mehr leben – und weniger funktionieren.

Genau das ist möglich! Es ist möglich, den Mehrwert, den du täglich gibst, nicht mehr nur den Menschen zuteilwerden zu lassen, die dich schon persönlich kennen oder denen du von deinen Kunden empfohlen wirst. Stell dir vor, es gäbe einen Markt voller Menschen mit Bedürfnissen, die du stillen kannst. Und jetzt stell dir bitte vor, dieser Markt kommt zu dir nach Hause. In deine Praxis, dein Arbeitszimmer oder aber auch an einen wundervollen Ort, an dem du schon immer leben wolltest – überallhin, wo du möchtest.

Klingt zu schön, um wahr zu sein? Weit gefehlt. Denn, weißt du, ich lebe genau diesen Traum, und das seit mehreren Jahren. Ich habe aufgehört, Zeit gegen Geld zu tauschen. Ich habe aufgehört, daran zu zweifeln, dass alles möglich ist. Denn ich erfahre jeden Tag, dass wirklich alles möglich ist, wenn du es dir nur erlaubst, danach handelst und mit Geist, Körper und Seele lebst. In diesem Buch nehme ich dich mit auf eine Reise. Eine Reise zu deinem neuen „Normal". In die Freiheit, Unabhängigkeit und die unglaublichen Möglichkeiten, die dir die Online-Welt bietet. Dazu brauchst du erst mal keine komplizierten „Sales Funnel", „Newsletter-Sequenzen" oder „Freebies". Das, was du brauchst, um dein Herzensbusiness in die digitale Welt zu tragen, trägst du in dir: dein Wissen, deine Erfahrung und deine Persönlichkeit – deine Soul Position.

Mit diesem Buch möchte ich dir die Möglichkeiten aufzeigen, die du hast, dein Business in die digitale Welt zu übertragen. Ich möchte deine Version von „Normal" sprengen und dich mitnehmen, deinen

Herzensweg zu gehen, deine wahre Größe zu entdecken und die beste Version deines Lebens zu leben. Doch nicht nur das, ich möchte auch dein Bewusstsein dafür wecken, dass das, was du in dir trägst, etwas ganz Besonderes ist, das nicht nur dir dein Traumleben ermöglichen kann, sondern auch vielen anderen Menschen, die du mit deiner Soul Position unterstützen kannst. Ich möchte, dass du erkennst, dass auch in dir eine Millionärin mit Herz steckt. Denn das ist mein Ziel: Ich möchte eine Million Menschen dabei begleiten, ihre Gaben in die Welt zu tragen.

Gerne begleite ich dich ein Stück deines Weges zu deiner Soul Position.

Deine Christina

Alles auf Los – eine Bestandsaufnahme

Vielleicht hast du derzeit eine lokale Praxis, oder du arbeitest schon online. Doch leider wird es immer schwieriger, Klienten zu dir zu holen.

Du schleppst dich von Monat zu Monat, um irgendwie noch genug Umsatz zu machen, damit du deine Kosten stemmen kannst. Für dich selbst bleibt dabei kaum etwas übrig. Oder du hast genau das entgegengesetzte Problem: viel zu viele Kunden und viel zu wenig Zeit. Das ist zwar ein Luxusproblem, doch du merkst langsam, dass die 14-Stunden-Tage an deine Substanz gehen, und fühlst dich leer und ausgebrannt. In beiden Fällen hast du deinen derzeitigen Beruf von der Pike auf erlernt und bist nach vielen Jahren praktischer Tätigkeit nun eine absolute Expertenpersönlichkeit auf deinem Gebiet.

Momentan arbeitest du beispielsweise im Bereich Psychotherapie. Du hast aber erkannt, dass du auch in einem anderen Feld hervorragend unterstützen kannst, vielleicht weil du Frauen bei ihrem Kinderwunsch hilfst. Das bereitet dir Freude und du würdest es gerne häufiger machen, doch du bist durch deinen erlernten Beruf gebunden und kannst als Psychotherapeutin nicht einfach eine Kinderwunschpraxis eröffnen. Dir sind die Hände gebunden, dabei möchtest du doch nur deine

Leidenschaft, mit der du Menschen unterstützen kannst, ausleben!

Manchmal fragst du dich, warum du dir das Ganze überhaupt noch antust. Vielleicht bist du sogar deiner Klienten überdrüssig, doch das sagst du natürlich nicht laut. Ganz gleich, ob du genug Klienten hast oder um jeden Patienten kämpfen musst, am Ende des Monats bleibt kaum etwas für dich übrig. Deine monatlichen Kosten und vielleicht bereits vorhandenen Personalausgaben fressen den größten Teil deiner Umsätze auf. Obwohl du Menschen dabei unterstützt, ihr Leben zu verbessern und körperlich und geistig fit zu sein, macht sich das auf deinem Konto nur bedingt bemerkbar.

Bisher hast du gedacht, dass es „normal" ist, so zu arbeiten. Doch deine Unzufriedenheit wächst von Tag zu Tag und du willst so nicht mehr weitermachen. Wenn sich nicht bald etwas ändert, steuerst du geradewegs auf einen Burn-out oder eine Pleite zu. Und nun hältst du dieses Buch in den Händen, weil du gehört hast, dass es neue, andere Möglichkeiten für dich gibt – die Online-Welt.

Du hast zwar schon etwas von Online-Business gehört oder bist sogar schon die ersten Schritte auf diesem Weg gegangen, doch wie du dein wertvolles Wissen ausschließlich online an Menschen vermitteln sollst, das ist dir noch nicht völlig klar. Schließlich arbeitest du bisher meist noch von Angesicht zu Angesicht mit deinen Klienten. Wie soll diese sehr individuelle Tätigkeit im anonymen Internet möglich sein? Wie schaffst du es, deinen Spirit, das, was dich ausmacht, online zu transportieren?

Du suchst also nach Inspirationen und einer Lösung. Du kannst dir zwar generell vorstellen, online zu arbeiten, doch du weißt noch nicht, wie genau das funktionieren soll. Vielleicht hast du auch schon herumprobiert, allerdings ohne vernünftige Strategie oder Positionierung, dementsprechend waren die Ergebnisse. Also drehst du dich bislang täglich weiter in deinem Hamsterrad aus zu wenig oder zu viel Arbeit und zu wenig Geld.

Als Ärztin oder Therapeut fühlst du dich verpflichtet, jedem Menschen auch zu helfen, der deine Hilfe benötigt. Meist sind das gar nicht unbedingt die Personen, mit denen du gerne arbeiten möchtest, und vielleicht bist du nach zehn Jahren oder mehr Tätigkeit in deinem Beruf deiner Klienten sogar überdrüssig. Immer die gleichen Probleme, immer die gleichen Fragen und Antworten. Du weißt, dass du diesen Menschen helfen kannst, doch irgendwie spürst du auch, dass da noch mehr geht, dass du deine Wirkkraft vergrößern möchtest, um nicht mehr nur 50 Klienten pro Woche zu erreichen, sondern mehr, viel mehr. Du hast die Kraft und Energie, die Welt zu verändern, weißt aber nicht, wie du das anfangen sollst.

Gerne würdest auch du selbstbestimmter und freier arbeiten, um dein ganzes Potenzial zu nutzen und dein Wissen und deine Erfahrung weiterzugeben. Zwar kannst du nicht unbedingt sagen, dass dein Job dir gar keinen Spaß mehr macht, aber er fühlt sich mehr und mehr nach Zwang an. Du möchtest deine Berufung leben und nicht nur mit irgendwelchen Menschen arbeiten, weil du eben Geld verdienen musst. Erkennst du dich an dieser Stelle wieder?

Glaube mir, ich kann dich gut verstehen. Auch ich habe als Ärztin im System gearbeitet und konnte doch nur 20 Prozent der Dinge tun, die ich eigentlich machen wollte. Ich mochte meinen Job, doch er hat mich irgendwann nicht mehr erfüllt: Es musste doch noch mehr vom Leben geben, als frühmorgens in die Klinik zu gehen und am Nachmittag wieder nach Hause? Das gleiche Spiel von Montag bis Freitag, dann ein Wochenende, das viel zu schnell vorüberging, und alles wieder von vorne, unterbrochen nur durch zwei Urlaube pro Jahr. Dafür war ich nicht geschaffen. Ich wollte ein selbstbestimmtes, freies, genuss- und freudvolles, erfülltes Leben. Doch das hatte ich nicht, im Gegenteil. Erkennst du dich wieder? Lass mich dir meine Geschichte erzählen.

45 EURO?

2019 arbeitete ich in einer psychiatrischen Klinik. Damals machte ich viele Nachtdienste, die teilweise ziemlich heftig waren, denn häufig wurden Randalierer und Betrunkene von der Polizei eingeliefert. Eines Nachts war es besonders schlimm und ich hatte vier solcher

Einlieferungen hintereinander: Menschen, die im Wahn um sich schlugen und kaum zu bändigen waren. Als ich nach mehreren Stunden alle versorgt hatte, legte ich mich müde und erschöpft ins Bett im Ärztezimmer und versuchte zu schlafen. Doch mein Geist war hellwach und mir kreiste unaufhörlich folgender Gedanke durch den Kopf: Du hast gerade 45 Euro verdient. 45 Euro! 45 Euro! 45 Euro! Für eine ganze Nacht voller erschöpfender Arbeit. Anstatt in meinem Bett zu Hause zu liegen, bei meinen Kindern zu sein und eine ruhige Nacht zu verbringen, musste ich mich mit Randalierern herumschlagen. Für 45 Euro. Waren mein Wissen, mein Studium, mein Sein nicht deutlich mehr wert?

Ich erinnere mich noch an meinen ersten Gehaltszettel. Mitte April hatte ich angefangen zu arbeiten, bekam also nur für einen halben Monat Gehalt, und so standen auf dem Gehaltszettel 745 Euro für zwei Wochen Vollzeit-Tätigkeit als Ärztin auf der Psychiatrie. Das konnte nur ein Fehler sein, da fehlte bestimmt eine Eins vorne. Ich sagte also meinen Kollegen, dass ich schnell zur Personalabteilung gehen müsste, da ein Fehler bei meinem Gehalt unterlaufen wäre. Mein Kollege aber hielt mich auf, warf einen kurzen Blick auf den Gehaltszettel und sagte: „Nein, das stimmt schon so. Passt." Das konnte ich kaum glauben! Dafür hatte ich doch nicht sieben Jahre lang einen der schwierigsten Studiengänge absolviert, um dann auf der geschlossenen Psychiatrie mit Schwerstkranken zu arbeiten und dafür nur 745 Euro zu erhalten!

Die Wertigkeit meiner Arbeit passte damals in keinster Weise zu meinem Lohn. Trotzdem hielt ich durch, doch mehr und mehr fühlte ich mich ausgebrannt, denn ein Großteil meines Wissens und meiner Persönlichkeit, also meiner Sensitivität und meines Gespürs für Menschen, war in meinem Job gar nicht gefragt.

Doch mein weiterer Weg war klar: Zuerst Ärztin, dann Assistenzärztin, danach die Facharztprüfung und dann konnte ich überlegen, ob ich als Oberärztin in der Klinik arbeiten werde oder eine eigene Praxis eröffne. Selbstbestimmtheit war in diesem Weg nicht enthalten. Selbst mit einer eigenen Praxis würde ich immer kontrolliert werden, von der Ärztekammer, Krankenkassen und natürlich den Bedürfnissen der

Patienten vor Ort. Ich merkte Tag für Tag mehr, dass das eigentlich nicht mein Weg war, und trotzdem machte ich weiter, ich war im klassischen Hamsterrad gefangen, doch mein Schmerz war noch nicht groß genug.

Außerdem war ich gut in meiner Arbeit, steckte mein gesamtes Herzblut hinein und konnte vielen Menschen helfen, das erfüllte mich. Ich erinnere mich noch an eine Patientin, die alkoholsüchtig war. Sie war in meinem Alter und eine nette Frau. Wir mochten uns gut leiden und ich arbeitete mehrere Monate mit ihr therapeutisch daran, ihre Sucht in den Griff zu bekommen. Als ich sie entließ, war sie auf einem guten Weg und ich hatte ein gutes Gefühl: Sie würde es schaffen, da war ich mir ganz sicher. Wenige Monate später aber tauchte sie wieder in meiner Behandlung auf und das frustrierte mich unglaublich! Von einem Tag auf den anderen beschloss ich für mich, dass ich nicht mehr mit kranken Menschen arbeiten wollte. Ich hatte genug! Stattdessen wollte ich mit Menschen arbeiten, die „heiß" auf ihr Leben sind, die erkannt haben, dass das Leben uns so viele Möglichkeiten bietet, und die diese Möglichkeiten auch leben wollen.

Doch wie konnte ich mein gesamtes Wissen, mein Herzblut und meine Energie außerhalb des „normalen" ärztlichen Werdegangs einsetzen? Ich brauchte etwas, das mir zu 100 Prozent Selbstbestimmtheit und Freiheit ermöglichte, also recherchierte und suchte ich nach neuen Wegen so lange, bis ich zufällig auf die Möglichkeiten des Online-Coaching-Business stieß. Das war genau das, wonach ich gesucht hatte! Mir wurde sofort klar, dass ich mit einem solchen Modell arbeiten konnte, von wo ich will, wann ich will, wie ich will, und mein eigener Chef sein konnte. Das hörte sich großartig an, mir war kein vergleichbarer Job bekannt, der so viele Freiheiten vereinte. Online-Coaching passte perfekt zu meinen Werten: Freiheit, Integrität und Authentizität.

Ich war euphorisch und wollte sofort loslegen, doch andererseits war ich hin- und hergerissen. Mir fehlten nur drei Monate zu meiner Facharztprüfung und ich überlegte, ob ich diese Prüfung doch noch machen sollte. Schließlich wusste ich nicht, was die Zukunft bringen würde, und dann hätte ich den Facharztstatus sicher ... Doch meine Sehnsucht nach Freiheit und Selbstbestimmung waren größer als der Wunsch nach irgendeinem Abschluss, den ich zukünftig wahrscheinlich sowieso nie wieder brauchen würde. Ich haderte noch ein wenig mit mir, doch dann machte ich mir klar, dass es in Ordnung ist, Wege nicht zu Ende zu gehen. Und genau das tat ich.

Ich fing also im Jahr 2017 an, mein Online-Business neben meinem Vollzeitjob zu gründen und aufzubauen. Mein altes System hielt ich so lange aufrecht, bis das neue stabil war, ich ließ mir also immer ein Hintertürchen offen. Trotzdem ließ ich nie Zweifel zu. Ich wusste, es würde funktionieren. Es war eine anstrengende Zeit, ich hatte zwei Jobs, zwei Kinder und zudem noch eine Baustelle zu Hause, aber ich wollte eine Veränderung und wusste, ich würde es schaffen. Ich investierte reichlich Arbeit, Geld und Zeit und stieß oft an meine Grenzen. Doch ich gab nicht auf.

Als es 2019 dann so gut lief, dass ich wusste, ich kann von meinem Online-Business leben, beschloss ich, meinen Job als Ärztin zu kündigen. Meine Familie und auch mein berufliches Umfeld waren geschockt. „Du kannst doch nicht aufhören, du hast so einen sicheren Job, und Ärzte werden immer gebraucht", das und noch vieles mehr bekam ich zu hören. Bis dahin wusste bis auf meinen Mann niemand davon, dass ich nebenberuflich ein erfolgreiches Business aufgebaut hatte. Ich war zwar schon aktiv auf Social Media und gewann dort auch meine Kunden und hatte das Business auch bei meinem Arbeitgeber angemeldet, doch meine „alte" Welt wusste nichts von meiner Tätigkeit in der „neuen" Welt.

Wenn du dich, genauso wie ich damals, für deinen Weg und deine Vision des Lebens entscheidest, dann prasseln viele externe Meinungen und Ansichten auf dich ein. Doch lasse dich bitte nicht davon beirren, denn du bist nicht hier auf dieser Welt, um die Erwartungen anderer Menschen zu erfüllen. Es ist dein Leben und es muss für dich stimmen! Du musst für dich entscheiden, was du willst, und dir dann auch erlauben, so zu leben, auch wenn aus deinem Umfeld Widerstände entstehen. Du brauchst Mut dafür, zu erkennen, dass der alte Weg nicht mehr für dich stimmt und du einen neuen Weg einschlagen möchtest. Das ist nicht immer bequem – Weiterentwicklung und Wachstum sind alles andere als bequem. Glaube mir, ich weiß genau, wovon ich rede. Auch eine Kündigung ist nicht einfach, ganz im Gegenteil, du musst durch Höhen und Tiefen und es gibt Tage, da zweifelst du und möchtest alles hinwerfen. Das ging mir damals genauso und trotzdem zog ich es durch, denn ich hatte ein Ziel vor Augen: ein selbstbestimmtes, freies Leben. Heute lebe ich diesen Traum mit Herz und Seele. Mein ehemaliger Traum ist mein neues „Normal".

Vermutlich schlummert auch in dir eine tiefe Sehnsucht nach einem selbstbestimmten, freien Leben, privat und finanziell. Du möchtest deine Leidenschaft und dein Wissen in die Welt bringen und kannst vielen Menschen einen Mehrwert stiften. Dafür möchtest du künftig das Internet nutzen, um frei arbeiten zu können, genau in der Art und Weise, wie du es willst – und nicht so, wie irgendjemand „da draußen" es dir vorgibt. Davon träumst du.

Als Coach, Trainerin, Berater, Therapeutin oder Ärztin bist du gut ausgebildet, kannst Mehrwert für viele Menschen stiften und willst dich zukünftig nicht mehr nur auf Mundpropaganda oder lokale Kunden verlassen. Stattdessen möchtest du mehr Menschen helfen als bisher und im Internet mit deiner Dienstleistung sichtbar werden.

Doch vielleicht zögerst du auch noch. Du bist dir nicht sicher, ob ein Online-Business wirklich das Richtige für dich ist. Allerdings weißt du, dass du dich von allen Systemen und einzwängenden Rahmen so frei wie möglich machen willst. Du hast schon von vielen Pseudocoaches gehört, die gar keine wirkliche Expertise haben und Menschen abzocken, die keinen Mehrwert stiften können, weil sie gar keine Ausbildung und kein Expertenwissen haben. Menschen, die nur das schnelle Geld verdienen wollen. Doch so bist du nicht. Du möchtest ein Business, das dir zu 100 Prozent entspricht, und Kurse und Leistungen anbieten, die du selbst kaufen würdest. Du möchtest nur mit Menschen arbeiten, auf die du dich freust und die maximal von einer Zusammenarbeit mit dir profitieren. Du möchtest authentisch dein Geld verdienen. Ohne dich zu verstellen!

So, wie du bist.

Zudem ist dir bewusst, dass wir mehr sind als nur unser Körper und das, was wir jeden Tag umsetzen. Du möchtest inspiriert handeln, spürst eine spirituelle Kraft in dir, die es dir ermöglicht, weit über das bisherige „Normal" hinauszugehen. Eine Kraft, die dich leitet und inspiriert.

Ich bin der Meinung, es gibt in unserem Leben keine Zufälle. Wir sind alle mehr als unser Körper. Wir haben eine Seele, die auf der Welt wirken möchte, und ich glaube fest daran, dass du genau aus diesen Gründen dieses Buch in der Hand hältst: um zu entdecken, welche „Soul Position" in dir steckt und was du der Welt zu geben hast. Befreie dich von den Zwängen in deinem Kopf und von der Erwartungshaltung anderer Menschen. Es ist dein Leben und nur du darfst bestimmen, was dein neues „Normal" sein wird. Lass uns also genau das nun gemeinsam entdecken.

Erfolgstipp 1 der Millionärin mit Herz

Zu Beginn jeder Reise in ein freies und großes Leben steht die Erlaubnis, dass du alles haben, sein und erleben darfst, was du dir wünschst. Stelle dir für einen kurzen Moment vor, dass das Leben ein Wunschkonzert oder ein Ponyhof ist oder du vor einem Fünf-Sterne-de-luxe-Lebensbüfett stehst. Male dir dieses Büfett in den schönsten und buntesten Farben aus. Sieh es dir genau an. Wie fühlt es sich an, aus dem Vollen zu schöpfen? Erlaube dir, hier und heute zu wählen, was du wirklich in deinem neuen Leben haben und erleben möchtest, privat und beruflich. Sage laut zu dir: „Ich erlaube mir, mein schönstes, bestes und genialstes Leben zu leben. Dieses Leben sieht wie folgt aus." Dann beschreibe: Was wählst du?

Deine Soul Position

Um zu entdecken, was alles in dir steckt und wie du anderen Menschen am besten weiterhelfen kannst, fangen wir an der Basis an. Hast du bisher auch einen typischen „Bauchladen"?

Menschen kommen bisher aus den unterschiedlichsten Gründen zu dir. Sie wurden verlassen, sie beabsichtigen, ihre Kindheit aufzuräumen, sie haben Burn-out, es geht ihnen körperlich schlecht. Du wendest hierfür bestimmte Methoden an: Du arbeitest systemisch, mit diversen Therapien oder Methoden, mit allem, was dein Bauchladen so hergibt. Damit bist du bisher mehr oder weniger erfolgreich.

Die wenigsten Therapierenden beispielsweise haben eine klare Ausrichtung und arbeiten nur für ein bestimmtes Thema oder eine spezielle Klientengruppe. Arbeitest du auch so, unterstützt du jede Person, die gerade eine Therapie benötigt. Damit hilfst du zwar vielen Menschen, das bedeutet aber auch, dass du selbst meist nur wenig mit den Themen beschäftigt bist, die dich eigentlich am meisten interessieren.

Du hast bislang nie gelernt, was es bedeutet, dich klar und eindeutig zu positionieren, wo auch? Mir ging es damals in der Psychiatrie genauso. Natürlich konnte ich vielen Menschen helfen, doch wirklich interessiert haben mich schon immer Themen rund um die menschliche Psyche, das Mindset, die Seele und ihre Entfaltung sowie das Erkennen und

Leben des eigenen Potenzials. Nichts, was ich in meinen Nachtdiensten gebrauchen konnte, und lange habe ich mich gefragt, was ich mit diesen Vorlieben überhaupt anfangen sollte. Doch genauso, wie es mir gelungen ist, mich mit meinen Lieblingsthemen zu positionieren, genauso kann es auch dir gelingen!

Positionierung bedeutet in diesem Fall, deine Expertise so auf den Punkt zu formulieren, dass genau diejenigen Kunden, mit denen du gerne arbeiten möchtest, sich von dir angezogen fühlen. In den allermeisten Fällen entsteht die perfekte Positionierung durch zwei Wege: Der eine ist die Positionierung über Fachwissen, der andere über Lebenserfahrung. Ideal ist es, wenn deine Positionierung beides beinhaltet. Wenn du beispielsweise lange Zeit erfolglos versucht hast, auf normalem Wege Kinder zu bekommen, und dich informiert hast, welche alternativen Methoden es gibt, um deinen Wunsch zu unterstützen, und nun zwei gesunde Kinder hast, dann hast du perfekte Voraussetzungen, um als Kinderwunsch-Coach zu arbeiten. Hier liegt eine Positionierung auf der Hand, doch bei vielen von uns ist es nicht ganz so deutlich.

Kundenstory Sabine

Meine Lieblingskundin Sabine kam zu mir ins Coaching, sie war selbst Coach, außerdem Reiki-Praktizierende. Zu ihr kamen Menschen mit ganz verschiedenen Problemen, Anliegen und Beschwerden. Weil sie so viele verschiedene Menschen behandelte, konnte sie sich nicht auf eine spezielle Heilmethode oder die Bewältigung ganz spezieller Herausforderungen spezialisieren und deshalb auch ihr Marketing nicht spezifisch auf eine bestimmte Richtung ausrichten. Ihre Kunden waren eher „Zufall" anstatt eines laufenden, fließenden Kundenstroms. So sah die Situation aus, als Sabine zu mir kam.

Wir arbeiteten gemeinsam ihre absolute Expertise heraus. Dabei durchlief sie einen enorm starken Prozess zum Thema Geld. Sie setzte sich intensiv mit ihren Geldglaubenssätzen und dem Thema Preisgestaltung auseinander, löste Blockaden und wir etablierten neue, förderliche Routinen rund um ihr Herzensbusiness. Sabine entwickelte schließlich ihr Coaching-Programm „Als Heilerin in deine volle Kraft“ und zeigt nun anderen Menschen, die ähnlich arbeiten wie sie, wie sie endlich das verdienen, was sie wirklich wert sind. Schon kurz nachdem das Programm gestartet hatte, verdiente sie fünfstellig pro Monat und im ersten Jahr bereits so gut, dass sie steuerpflichtig wurde. Während unserer Arbeit entdeckte Sabine, wo ihre Geniezone liegt, also der Bereich, in dem sie richtig gut ist und ihren Kunden den meisten Mehrwert bieten kann. Da nun ihre Positionierung endlich zu ihr passte, konnte sie zielgruppengerecht kommunizieren und ein ordentliches Marketing aufsetzen, das mittlerweile genau die Menschen zu ihr zieht, die zu ihr passen.

Um also herauszufinden, wo deine perfekte Positionierung liegt, solltest du auf dein Leben zurückblicken:

- Welche Situationen hast du schon erfolgreich gemeistert?
- Bei welchen Themen und in welchen Situationen wirst du um Rat gefragt?
- Worüber könntest du stundenlang reden, weil du genau weißt, wie es sich anfühlt und wie es anderen damit geht?
- Wo liegt deine Geniezone?

Deine erste Aufgabe auf dem Weg zu deiner perfekten Positionierung ist ein Weg nach innen, zu dir.

Ich glaube fest daran, dass Menschen, die etwas selbst erlebt haben und dazu auch noch fachlich kompetent sind, anderen Menschen mit genau dieser Expertise weiterhelfen können. Doch das ist nicht der einzige Aspekt. Die Arbeit darf dir auch Freude bringen und soll dich erfüllen. Du sollst deine Positionierung nicht nur auswählen, weil du etwas gut kannst und fachliche Expertise hast, sondern es soll dir Spaß machen.

Dazu kommt noch ein wichtiger Punkt: Was möchte deine Seele in der Welt verändern? Wofür bist du überhaupt auf dieser Welt? Daraus ergibt sich deine ganz individuelle „Soul Position". Eine gute „Soul Position" schaut immer nach deinem Auftrag in dieser Welt und danach, wem du am besten helfen kannst. Häufig ist es nicht ganz einfach, diesen Auftrag zu entdecken, und es ist hilfreich, dir dabei Unterstützung zu holen.

Erfolgstipp 2 der Millionärin mit Herz

Viele Menschen stressen sich wegen ihrer Positionierung und hadern ewig damit. Sie ändern ständig hier ein Wort und dort einen Satz und sind nie zufrieden. Doch das muss nicht sein. Starte mit dem, was du hast, und dort, wo du bist. Nimm das, was dir JETZT – in diesem Moment – am leichtesten fällt. Womit könntest du JETZT sofort mit Freude und Spaß am schnellsten Geld verdienen? Vergiss nicht: Du bist weder mit deiner Positionierung noch deinem Angebot verheiratet. Du kannst beides jederzeit wieder ändern. Also, leg einfach los! Beginne, bevor du bereit bist! Ja, ich weiß, das hört sich erst einmal seltsam an. Aber wenn du immer nur wartest, bis alles perfekt ist, kommst du nie in die Umsetzung. Also starte noch heute.

ENTDECKE, WEM DU HELFEN KANNST

In unseren Coaching-Programmen entwerfen wir gemeinsam mit unseren Coachees auf dem Weg zur „Soul Position" einen sogenannten Avatar, einen Lieblingskunden. Dazu fragen wir unsere Kunden, wer der Mensch ist, mit dem sie am liebsten Zeit verbringen, und welches Problem diese Person hat. Die „Soul Position" und auch das darauf aufbauende Angebot ergeben sich genau aus diesen Komponenten:

- Was kannst du, was liebst du und was braucht der Markt?
- Mit welchen Menschen arbeitest du am liebsten und wie kannst du ihnen am besten weiterhelfen?

Vielleicht klingt das an dieser Stelle erst einmal egoistisch, aber denke bitte immer daran: In deiner höchsten Energie bist du dann, wenn du im richtigen Umfeld bist. Dort hast du die größte Wirkung.

Wenn du entdecken möchtest, wie wir dich dabei unterstützen können, deine „Soul Position" zu finden, dann schau gerne einmal hier vorbei: **https://christinasternbauer.com/**

Du musst nicht Coach für jeden sein, sondern darfst ganz bewusst Menschen ausschließen. Wenn du alle bedienen möchtest, bedienst du am Ende niemanden, weil es dir nicht gelingen wird, deine Botschaft so klar zu formulieren, wie du es könntest, wenn du konkret wirst. In unseren Mentorings gehen wir sogar so weit, dass wir einen Antikunden definieren. Wenn du nicht beginnst, gewisse Personen auszuschließen, bist du für deine Lieblingskunden nicht greifbar.

Liebst du es beispielsweise zu angeln, bist gerne in der Natur und hast dich auf das Fliegenfischen spezialisiert, dann sind deine perfekten Kunden Personen, die gerne Fliegenfischen lernen möchten. Ihnen kannst du weiterhelfen und wahrscheinlich sind diese Menschen auch auf deiner Wellenlänge. Diese Positionierung ist sehr speziell, doch sie soll dir nur verdeutlichen, dass es für alle Angebote auf der Welt Käufer gibt, du musst sie nur erreichen. Das geschieht am besten über eine einzigartige und klare Positionierung – deine „Soul Position".

Auch wenn du an dieser Stelle feststellen solltest, dass es dein Angebot schon gibt, dann mache dir bitte bewusst, dass du trotzdem keine Konkurrenz hast, denn du bist du und niemand sonst hat deine Expertise! Niemand kann deine Leistung so erbringen, wie du es tust. Selbst wenn deine Marktbegleiter schon etwas länger auf dem Markt sind, gibt es Kunden, die nicht zu ihnen passen, aber zu dir. Also traue dich, dich klar und deutlich zu positionieren.

Insbesondere wenn du ein spirituelles Angebot hast, ist eine klare Positionierung notwendig. Auf dem Markt sind viele Coaches unterwegs, deren Positionierung so oder so ähnlich klingt:

- Lebe deine volle Größe und erschaffe dir ein erfülltes Leben.
- Lebe deine wahre Essenz.
- Lebe deine Weiblichkeit/Männlichkeit.

Das sieht auf den ersten Blick zwar gut aus, aber was genau bedeuten diese Sätze? Hier gibt es einfach zu viel Interpretationsspielraum, die Positionierung ist zu unkonkret. Insbesondere in der spirituellen Szene besteht aus meiner Sicht dazu sehr viel Aufholbedarf, denn was genau bedeutet es denn, „Meine wahre Essenz zu leben"? Wichtiger wäre es an dieser Stelle, interessierten Personen genau mitzuteilen, was sie davon haben, wenn sie ein solches Programm buchen.

Wenn du dich positionierst, dann überlege, was du kannst, was du liebst, mit wem du gerne arbeitest und was der Markt benötigt, und dann werde konkret: Für welche Zielgruppe löst du welches Problem? Die Antwort auf diese Fragen ist deine „Soul Position".[1]

Erfolgstipp 3 der Millionärin mit Herz

Dein Lieblingskunde ist der Kunde, dessen Probleme, dessen Erleben, dessen Denken und dessen Fühlen du so gut kennst wie deine Westentasche. Du weißt genau, was dein Lieblingskunde erlebt, fühlt oder denkt, und zwar nicht nur gerade jetzt, sondern jeden Tag, jede Woche und auch jeden Monat. Du weißt, was dieser Mensch braucht, welche Sorgen und Nöte er hat, aber auch, was er besonders mag. Auf diesem Wissen baust du dein komplettes Marketing auf. Und weil dir dieser Lieblingskunde zudem noch sehr sympathisch ist und dir wirklich am Herzen liegt, ist er eher wie ein Soulmate, ein wirklicher Seelenfreund für dich.

Dein perfektes Angebot

Nun hast du deine Positionierung, deine „Soul Position" gefunden, doch damit ist es natürlich noch nicht getan. Du benötigst ein Angebot, das darauf basiert und das du online verkaufen und durchführen kannst.

Der Markt ist voll von unterschiedlichen Varianten an Online-

[1] Wie du deine Soul Position findest, erfährst du hier: https://christinasternbauer.com/kundenmagnet/

Angeboten. Es gibt Online-Kurse, Selbstlernkurse und es gibt Online-Coachings oder -Mentorings. Selbstlernkurse, die meist im niedrigpreisigen Segment liegen, bieten den Teilnehmenden häufig nur Zugriff auf einen Mitgliederbereich mit Videos. Diese anschauen und die Inhalte erarbeiten müssen die Teilnehmenden bei solchen Kursen selbst, dafür benötigen sie eine hohe Selbstdisziplin. Viele dieser Kurse bleiben ungesehen, insbesondere wenn sie schlecht gemacht sind. Eine schlechte Ton- oder Videoqualität lädt nicht gerade dazu ein, die Kurse zu absolvieren. Als Coach oder Mentor hast du keine Chance, den Lernfortschritt der Teilnehmenden zu begleiten, und eventuell erreichen sie auch nicht das gewünschte Ziel.

Dann gibt es auch Online-Kurse, die einen Live-Anteil haben. Hier kann es dir passieren, dass mehrere Hundert Menschen mit im gleichen Call sind. Hier gibt es zwar die Möglichkeit zur Interaktion, beispielsweise über den Chat, doch meist keinen intensiveren Kontakt vom Mentor oder Coach zu seinen Coachees. Auch hier benötigen die Teilnehmenden eine hohe Selbstdisziplin. Häufig wird zwar die Videokonferenz gestartet, doch nebenher beantworten die Teilnehmenden Mails oder machen etwas anderes. Solche Programme sind für Coaching-Anfänger nicht geeignet. Es ist nicht ganz einfach, eine große Menschenmenge über den Zeitraum eines Live-Calls bei der Sache zu halten, Inhalte zu vermitteln und gleichzeitig noch den Chat und die Fragen im Auge zu behalten. Auch weißt du anfangs noch nicht, was deine Zielgruppe genau braucht.

Für mich ist der beste Start in das Online-Coaching oder -Mentoring-Business, ein Paket zu kreieren. So habt sowohl du als auch dein Coachee Planungssicherheit. Du kannst etwa zehn Wochen Begleitung von A nach B (die gewünschte Transformation) im Eins-zu-eins-Kontakt anbieten und ein Gruppencoaching anschließen. Wir nennen ein solches Programm gerne Signaturprogramm. Du bietest eine Lösung für ein Problem, das du gemeinsam mit den Teilnehmenden zuerst im Eins-zu-eins-Kontakt, später in einer Gruppe löst. Dieses Signaturprogramm beinhaltet alle Elemente aus deiner Positionierung. Welches Problem löst du für wen? Mache dir bewusst, welche Schritte deine Coachees gehen müssen, um von A nach B zu gelangen, und wie lange das dauert. Jeder dieser Schritte kann dann ein Modul deines Pakets darstellen. Die Module bestehen beispielsweise aus je einem Einzelcoaching und einem Gruppencall oder ergänzend auch noch einem Video oder Worksheet. Bei deinen Methoden bist du hier flexibel. Wähle das aus, mit dem du dich wohlfühlst und was für die Vermittlung und Umsetzung der Inhalte gut passt. Das sind die Grundlagen für dein Signaturprogramm. Wir empfehlen unseren Kunden, die gerade in die Online-Welt starten, diese Programme auf etwa drei Monate zu begrenzen. Die Energie in einem solchen Coaching oder Mentoring über einen längeren Zeitraum aufrechtzuerhalten, beispielsweise über neun Monate oder ein ganzes Jahr, ist anfangs noch recht schwierig und schlecht steuerbar. Hier darfst du erst einmal lernen, was gut funktioniert. Du gehst also mutig mit einem guten Programm, das auf deiner „Soul Position" basiert, auf den Markt und schaust iterativ, ob das Angebot deine Kunden zum gewünschten Ergebnis führt. Iterativ bedeutet, dass du dein Angebot permanent optimieren darfst, sofern das erforderlich ist. Du kannst es verlängern, verkürzen, teurer oder günstiger machen. Wichtig ist, dass deine Kunden das gewünschte Ergebnis erzielen. Wie sie dorthin kommen, das gilt es nun herauszufinden. Doch dafür musst du erst einmal starten! Im Prozess nimmst du dann Veränderungen vor, wenn das nötig ist.

Dieses Signaturprogramm richtet sich komplett an deinen Kunden aus und ist meist noch nicht sehr hochpreisig. Der Preis für dein Programm ergibt sich aus der Dauer, der Lösung und auch deiner Zielgruppe. Wenn du alleinerziehende Mamas coachst, kannst du wahrscheinlich nicht direkt 15.000 Euro für ein Programm nehmen. Sind deine Zielgruppe aber Unternehmer, die etwa eine Rechnung für das Coaching auf ihr Unternehmen bekommen, kannst du andere Preise nehmen als bei Privatpersonen. Überlegen darfst du an dieser Stelle auch, welchen Wert du gerne im Austausch für dein Wissen, deine Begleitung und deine Unterstützung auf dem Weg zur Transformation, die jemand durch dich geht, gerne haben möchtest. Dein Selbstwert ist hier nicht zu unterschätzen. Kannst du direkt zu Anfang einen Preis von beispielsweise 10.000 Euro aufrufen, ohne mit der Wimper zu zucken? Viele unserer Kunden, die gerade in die Online-Welt starten, können das noch nicht.

Bisher wurdest du vielleicht mit Stundensätzen abgespeist oder hattest ein gutes, aber nicht allzu hohes Einkommen. Du darfst also lernen, deinen Wert für deine Kunden zu erkennen. Auch musst du dich fragen, was du bereit bist zu geben, sei es an Zeit, Wissen oder auch Investition. Aus der Schnittmenge zwischen dem Umfang des Programms, deiner Zielgruppe und dem Wert, den du bereit bist zu geben, ermittelst du den optimalen Preis. Mein erstes Signaturprogramm sah wie folgt aus: Ich bot eine Begleitung meiner Kunden über drei Monate mit zwölf Einzelcoachings und dazu Kursunterlagen und Videos an. Das Programm hieß „Vom Sensibelchen zur Leading Lady" und kostete damals 4.500 Euro netto. Die erste Kundin, die ich damals gewinnen konnte, war eine hochsensible Zahnärztin, die von ihrem Praxisalltag überfordert war, und zwar so weit, dass sie Angst hatte, in einen Burn-out zu schlittern. Abgrenzen konnte sie sich damals nur schlecht. Durch mein Coaching gelang es ihr, ihr gesamtes Leben zum Positiven hin zu verändern und den drohenden Burn-out abzuwenden. Noch heute sagt sie, dass mein Coaching für sie unglaublich wertvoll gewesen war und dass sie heute beruflich und auch persönlich nicht dort stehen würde, wo sie jetzt steht, wenn sie nicht das Coaching mit mir gemacht hätte. Im Endeffekt war mein Coaching unbezahlbar für sie und nicht nur die 4.500 Euro wert, die sie bezahlt hatte.

Viele Therapeuten und Ärzte, aber auch spirituelle Menschen, haben Schwierigkeiten damit, höhere Preise zu verlangen. Sie vergessen dabei, wie viel Zeit und Geld sie schon in ihre eigene Ausbildung investiert haben. Der Wert dieser Ausbildung muss dir bei deiner Preisgestaltung unbedingt bewusst sein. Du kannst eine Menge und hast viel Erfahrung, vergiss das bitte nicht. Viele kalkulieren leider auch viel zu knapp, denn sie wissen nicht, wie viel Geld nach Abzug von Steuern, Krankenversicherung und Kosten für externe Dienstleister, die sie beauftragen, eigentlich übrig bleibt. Hier empfehle ich dir unbedingt, einmal mit dem spitzen Bleistift zu rechnen: Was bleibt dir nach Abzug all dieser Kosten in deinem eigenen Portemonnaie? Oft ist das ein absoluter Augenöffner und der Start in eine vernünftige Preisgestaltung.

Ein weiterer Punkt, der an dieser Stelle dazukommt, ist, dass viele Kunden gar nicht recht motiviert sind, wenn du dein Programm zu günstig anbietest. Vielleicht kennst du den Spruch: Was nichts kostet – das ist auch nichts! Wenn du deine Kurse, dein Wissen und deine Expertise zu günstig verkaufst, dann sind deine Kunden nicht richtig bei der Sache, arbeiten nicht ordentlich mit und erzielen nicht das gewünschte Ergebnis – davon hat letztlich niemand etwas.

Mache dir bitte klar, welchen unglaublichen Wert du Menschen bietest, wenn du sie aus einem echten Problem herausführst. Die erzielte Lösung bleibt oft ein ganzes Leben und ist nicht mit dem Ende des Coachings wieder verschwunden. Stelle dir beispielsweise vor, du bietest gestressten Eltern ein Coaching an, in dem sie Methoden erlernen, ihre Kinder nicht mehr anzuschreien, sondern stattdessen ein harmonisches, friedliches und fröhliches Familienleben zu führen. Das hat eine Wirkung nicht nur auf deine Coachees und deren Gesundheit, sondern auch auf deren Kinder und ihre Zukunft – ist das nicht eigentlich unbezahlbar?

Bitte mache an dieser Stelle nicht den Fehler, dich zu sehr an den Angeboten auf dem Markt zu orientieren. Wenn du zu sehr auf deine Marktbegleiter schaust, kann es sein, dass du dein Angebot zu günstig anbietest, weil alle das so machen, beispielsweise für 3.000 Euro. Du weißt allerdings, dass dieser Preis viel zu günstig ist, und würdest eigentlich gerne mehr Geld nehmen, traust dich aber nicht, denn es gibt vermeintlich das gleiche Angebot viel günstiger. Bitte falle an dieser Stelle nicht in die klassische Glaubenssatzfalle und fange an zu überlegen, ob du es wert bist, den Betrag für das Programm aufzurufen.

Überlege stattdessen, welchen Wert dein Angebot im Leben des Kunden stiftet! Du kannst das natürlich anfangs nur erahnen, doch mache dir bewusst, was wirklich im Leben deiner Kunden passiert, wenn sie das Problem X, das du gemeinsam mit ihnen lösen kannst, nicht mehr haben. Welche Auswirkungen hat es auf ihr Leben, ihre Beziehung, ihre Kinder, ihr Business? Was ist das wert?

Bitte werde an dieser Stelle nicht übermütig – mutig sollst du aber sein. Mache nicht den Fehler, für deine Kunden zu denken. Du kannst nicht wissen, ob deine Kunden das Programm „zu teuer" finden, vor allem nicht, wenn du sie noch nie gefragt oder dein Programm noch nie verkauft hast. Natürlich solltest du bei der Preisgestaltung nicht zu forsch werden. Nicht du bestimmst, ob jemand bei dir kauft oder nicht, sondern du lieferst eine durchdachte, gut strukturierte Dienstleistung, die Wert und Transformation für deine Kunden schafft. Diese Dienstleistung, also dein Coaching, Mentoring oder Programm, vermarktest du optimal zu einem gut durchdachten Preis. Du sprichst gezielt diejenigen Personen an, die maximal von deinem Angebot profitieren. Du kommunizierst deutlich den Wert deines Angebotes und nun bestimmen die Kunden für sich, ob ihnen die gebotene Transformation und die Lösung ihres Problems den von dir aufgerufenen Preis wert sind. In unseren Programmen erarbeiten wir gemeinsam mit unseren Kunden einen optimalen Aufbau ihrer Angebote und der entsprechenden Preise. Wenn du mehr darüber erfahren möchtest, wie dein optimales Angebot aussehen könnte, dann buche dir gerne hier einen Termin für ein Strategiegespräch:

www.christinasternbauer.com/strategiegespraech

Kundenstory Sonja

Eine meiner Kundinnen schrieb mir vor Kurzem, dass sie nun den Preis für ihr Signaturprogramm kalkuliert habe. Das Programm umfasst drei Beratungen, zusammen mit ergänzenden Kursen und Unterlagen. Sie verkauft das Programm für 1.800 Euro, ein fairer und gut kalkulierter Preis. Doch trotzdem fühlte sie sich nicht wohl damit. Also forschten wir gemeinsam nach, woran es lag, dass der Preis ihr solche Sorgen machte. Ich wusste, dass ihre Zielgruppe sehr breit ist und sie mit ihrem Angebot vielen Frauen helfen kann. Doch trotzdem war sie sich unsicher.

Sie sagte, dass sie einer Anwältin oder Unternehmerin dieses Paket und den Preis ohne zu zweifeln anbieten würde, doch sie war skeptisch, ob sie den Preis für eine Verkäuferin oder Angestellte nicht doch günstiger machen sollte. Sie machte genau den Fehler, den ich oben erwähnt habe: Sie fing an, für ihre Kunden mitzudenken. Wir sprachen über diese Herausforderung und ich machte ihr deutlich, dass ihr Preis eben ihr Preis ist, sie damit herausgehen und nicht mehr zu viel darüber nachdenken sollte. Das Angebot war fair kalkuliert und bot eine Lösung, die deutlich mehr wert war, als sie dafür verlangte. Der sogenannte ROI, der Return on Investment für ihre Kunden, überstieg deutlich die 1.800 Euro. Trotzdem fragte ich sie, ob sie denn gerne den Preis reduzieren wollte. Das verneinte sie, denn schließlich wollte sie einen Ausgleich für ihre wertvolle Arbeit und Kunden, die ihre Tätigkeit und das Ergebnis wertschätzen. Also bestärkte ich sie darin, den Preis für alle Interessenten gleich zu halten.

Ihr Job war es jetzt nur noch, den Wert des Produktes zu kommunizieren, und zwar dahin gehend, dass potenzielle Interessentinnen verstehen, dass die Lösung des Problems durch das Programm deutlich mehr wert war als die Investition.

Da Zweifel am richtigen Preis immer wieder in unseren Programmen auftauchen, hier mein Appell an dich: Wenn du einen fairen Preis kalkuliert hast und einen wunderbaren Mehrwert für deine Kunden bietest, dann habe keine Angst, deine Preise auch genauso aufzurufen. Du weißt nie, wer dir gegenübersitzt und ob diese Person Geld hat oder nicht und sich dein Angebot leisten kann und will oder nicht. Die Kunden, die deine Leistung wertschätzen und für die dein Angebot perfekt ist, werden dich finden, wenn du authentisch und klar nach außen kommunizierst.

Wenn du dich beim ersten Angebot mit einem höheren Preis noch unwohl fühlst, dann kannst du natürlich immer erst einmal niedrigpreisiger einsteigen und einige deiner Produkte verkaufen. Auf keinen Fall solltest du Angst vor deinen eigenen Preisen haben. Es darf nicht so weit kommen, dass du dich gar nicht traust, deinen Interessenten deine Preise zu nennen. Gestalte also deine Preise zu Anfang ganz entspannt, vielleicht eher ein wenig zu niedrig, sodass du erste Kunden gewinnst, dein Angebot validierst und dann langsam, aber sicher die Preise steigerst. Mache es dir lieber einfach, dein Angebot anzubieten und zu verkaufen, als durch einen hohen Preis sofort eine große Hürde zu schaffen. Das gilt für beide Seiten, sowohl für dich als auch für deine Kunden. Fange gefühlt lieber etwas zu niedrig an, dann verkaufst du leichter und kommst in den Flow. Verschleudern solltest du deine wertvolle Leistung aber selbstverständlich nicht.

Bist du schon als Expertin oder Experte auf dem Markt und verdienst offline gutes Geld, musst du aufpassen, dass du nicht in die „Zu-billig"-Falle tappst. Machst du online einen zu niedrigen Preis, fragt sich dein Unterbewusstsein vielleicht, warum du deine wertvolle Arbeit so verschleuderst, und insgeheim bestellst du damit die Kunden ab, denn tief in deinem Inneren weißt du, dass du mehr wert bist und dass du deine wertvolle Arbeit gar nicht für so kleines Geld verkaufen möchtest. Wähle also einen guten Mittelweg, weder zu hohe noch zu niedrige Preise.

Erfolgstipp 4 der Millionärin mit Herz

Finger weg vom Portemonnaie deines Kunden! Dieser Tipp ist einer der wertvollsten, den ich dir auf deinem Weg mitgeben kann. Was bedeutet das nun genau? Deine Aufgabe ist es, den Wert deines Angebotes, also dessen Preis, so zu bestimmen, dass er für dich stimmig ist. Dann kommunizierst du diesen Preis und lässt bitte deinem Kunden die Freiheit zu entscheiden, ob er deine Leistung haben möchte oder nicht. Viel zu oft denken wir darüber nach, ob sich Interessenten unsere Dienstleistung oder unser

Produkt leisten können oder nicht. Doch mal ehrlich: Porsche denkt auch nicht darüber nach, ob sich irgendjemand einen Porsche leisten kann oder nicht. Die Emirates-Fluglinie denkt auch nicht darüber nach, ob sich jemand ein First-Class-Ticket kaufen kann oder nicht. Beide Unternehmen haben hochpreisige Produkte und Dienstleistungen im Angebot, und die richtigen Kunden, die genau das haben wollen, kommen zu ihnen. Genauso ist es bei dir. Also noch einmal: Finger weg vom Portemonnaie deines Kunden! Bleibe bei dir und deinem Preis und überlasse es deinen Kunden, zu entscheiden, ob sie dein Angebot haben möchten oder nicht.

KOSTENFREI – ABER NICHT UMSONST!

Nun möchte ich noch auf etwas Wichtiges eingehen: Bestimmt hast auch du schon zahlreiche Coaches auf dem Markt gesehen, die kostenfreie oder preiswerte Angebote auf dem Markt platzieren. Häufig erhältst du hier umfangreiche, gut gestaltete Inhalte für kleines Geld. Wie passt das nun mit meinen Aussagen bezüglich deiner Preisgestaltung zusammen?

Durch kostenfreie Angebote kannst du eine Vielzahl von Menschen von deiner Arbeit überzeugen. Sie dienen dazu, dass Menschen dich und deine Arbeitsweise kennenlernen können. Du möchtest Menschen von dir begeistern, dich zeigen, ihnen kleine Fortschritte ermöglichen, damit sie erkennen, dass sie weiter mit dir zusammenarbeiten möchten.

Diese kostenfreien Inhalte dienen ausschließlich dem Aufbau von Reichweite und Reputation und dem späteren Verkauf weiterer, dann meist hochpreisiger Produkte. Diese Vorgehensweise hört sich vielleicht sehr verlockend für dich an, aber – Vorsicht! Solltest du nun mit dem Gedanken spielen, dem einen oder anderen Interessenten dein Produkt gegen eine Referenz kostenfrei anzubieten, dann beachte bitte, dass viele Menschen bei kostenfreien Produkten oder Dienstleistungen überhaupt nicht die Motivation oder das Commitment aufbringen, diese durchzuarbeiten.

Viele Menschen benötigen den „Schmerz“ der Bezahlung, um

Programme überhaupt motiviert durchzuarbeiten. Hand aufs Herz: Wie viele kostenfreie Zugänge zu Online-Programmen, Videos oder Worksheets liegen unbenutzt auf deinem Rechner? Daher sind kostenfreie Angebote aus meiner Sicht verschwendete Zeit und einer wirklichen Expertin oder eines Experten nicht würdig. Unterscheiden darfst du hier natürlich reine Freebies, kostenfreie, kleine Angebote (also unter anderem Bücher, PDFs oder einen Minikurs), die dazu dienen, Reichweite aufzubauen. Ab einem gewissen Level sind diese Freebies sinnvoll, doch kostenfrei ein ganzes Programm herausgeben würde ich nie. Ich selbst habe das auch niemals gemacht und bin damit immer gut gefahren. Denke daran, du gibst den Menschen einen Teil deiner Zeit, deines Wesens und deiner Seele. Das ist immer etwas wert und darf entsprechend entlohnt werden.

Erfolgstipp 5 der Millionärin mit Herz

Freebies und kostenfreie Angebote solltest du erst dann erstellen oder durchführen, wenn du es dir wirklich leisten kannst. Dafür benötigst du unbedingt ausreichend Cashflow und musst in großen Gruppen verkaufen können (beispielsweise in Social Media). Erst wenn du richtig gut verkaufen kannst und absolut „fest im Sattel sitzt", was deine Angebote angeht, ergeben Freebies Sinn.

ERKENNE DEINEN WERT!

„Verkaufen ist schwierig"; „Bin ich es überhaupt wert?"; „Kann ich das leisten?"; „Halte ich dem Erwartungsdruck stand?"; „Darf ich das für so viel Geld verkaufen?"

An der Stelle der Preisgestaltung und des nachfolgenden Verkaufs kommen gerne alte Glaubenssätze und Einstellungen zu den Themen Verkaufen, Geld und Selbstwert hoch. Gerade als spiritueller Mensch bist du vielleicht der Meinung, dass du doch nicht für deine Arbeit, mit der du einen Beitrag zur Gemeinschaft leistest, auch noch Geld nehmen kannst! Doch die Wahrheit ist: Du darfst Geld nehmen – nein, du musst sogar! Wenn du wirklich in der Welt etwas verändern möchtest, dann brauchst du dafür Zeit und Geld. Zeit kannst du dir mit Geld kaufen, indem du etwa Mitarbeitende einstellst. Hast du mehr Zeit, weil du Dinge nicht mehr tun musst, die dir keine Freude bereiten, kannst du in deiner vollen Kraft sein und noch mehr bewirken. Geld ist überhaupt nichts Schlechtes – im Gegenteil! Es ist völlig legitim, für eine ordentliche Dienstleistung Geld zu erhalten.

Gerne führe ich an dieser Stelle meinen Kunden Folgendes vor Augen: Stelle dir vor, du gehst ins Autohaus und fragst, ob du ein Auto kostenfrei haben darfst. Oder du schlenderst in der Ausstellungshalle bei Porsche herum und siehst dich um. Einer der Wagen, ein Cabrio, gefällt dir ganz besonders und du fragst den Verkäufer, ob er nicht ausnahmsweise den Preis von 80.000 Euro auf 40.000 Euro reduzieren könnte, weil du das Geld gerade nicht hast, aber unbedingt gerne Porsche fahren würdest. Ein Porsche kostet, die Fahrzeuge haben einen Wert, der von vielen Kunden gerne bezahlt wird, denn sie wissen um die Wertigkeit der Marke und des Angebots. Niemand käme auf die Idee, den Porsche umsonst haben zu wollen. Warum sollte das dann bei deiner wertvollen Dienstleistung so sein?

Dir genau diese Wertigkeit auch für dein Angebot bewusst zu machen, das ist dein Job. Überlege einmal, wie du die Welt verändern könntest, wenn du aufhörst, deine Leistungen und deine Energie kostenfrei oder viel zu günstig herauszugeben! Was ist dann noch alles möglich?

Ich beispielsweise habe eine Haushälterin. Vielleicht denkst du jetzt insgeheim zähneknirschend: „Ja, die Christina, die kann sich das wohl leisten, aber ich?“ Anfangs dachte ich auch so. Doch überlege einmal: Die Haushälterin kommt viermal die Woche zu uns. Sie kocht für uns, bügelt, macht die Wäsche und räumt auf. Ich freue mich, wenn ich mittags aus dem Büro komme, der Tisch gedeckt ist und meine Familie und ich etwas Warmes zu essen haben. Unsere Haushälterin arbeitet gerne bei uns, sie ist froh, den Job zu haben, und wir verstehen uns gut. Anstatt mich selbst in die Küche zu stellen, zu kochen und die Wäsche zu waschen, habe ich Zeit, die Welt für meine Kunden und mich zu verändern. Das kann ich nur, weil ich entsprechende Preise nehme, um mir die Haushälterin zu leisten. Geld leistet also einen wertvollen Beitrag dafür, mich in meine volle Kraft zu bringen. Davon profitiere nicht nur ich, sondern vor allem meine Kunden. Geld bringt dich in deine Wirkkraft. Bitte lasse deine begrenzenden Glaubenssätze über Geld und das, was du vermeintlich „darfst“ oder „nicht darfst“, los. Du entscheidest für dich und niemand sonst.

Erfolgstipp 6 der Millionärin mit Herz

Verkaufen ist Liebe. Wenn du dir erlaubst, aus vollem Herzen das Geld zu verlangen, das dir und deiner Dienstleistung entspricht, kannst du in und aus deiner höchsten Energie wirken und durch die Kraft deines Herzens die Welt verändern. Vergiss das bitte nie.

Sichtbar werden

Nun weißt du, was deine „Soul Position" ist, wie dein Angebot aussieht und welchen Preis du dafür aufrufst. Noch ist das alles im stillen Kämmerlein passiert. Nun gilt es, dich, deine Leistung und deine Expertise in die Welt zu tragen. Dafür musst du dich sichtbar machen.

Viele Menschen haben damit enorme Probleme. Sie trauen sich nicht, Videos ins Netz zu stellen, auf Social Media aktiv zu sein und sich als Person mit ihrem Angebot zu zeigen. Vielleicht haben sie noch eine Website, doch das war es dann schon. Diese ganze „Online-Welt" ist ihnen suspekt, zu laut, zu direkt, zu reißerisch. Vielleicht geht es dir genauso?

Viele von uns lernen schon in der Kindheit, dass wir so, wie wir in Wahrheit sind, nämlich laut, stürmisch, gerne auch etwas verrückt, nicht „gut" sind. Kinder werden in ihrer kindlichen, manchmal explosiven Energie schon von klein auf vom Elternhaus, später von Kindergarten und Schule, enorm eingeschränkt. Unsere Eltern meinen das nicht böse und auch das Schulsystem, so wie wir es derzeit kennen, würde kaum funktionieren, wenn jeder machen würde, was er wollte. Wir lernen also schon früh, dass wir so, wie wir in Wahrheit sind und wofür wir stehen, nicht unbedingt erwünscht sind. Anpassung ist erforderlich, damit die Systeme funktionieren, also schränken wir uns in unserer Persönlichkeit und auch Sichtbarkeit ein, um der Norm zu genügen, geliebt zu werden und nicht anzuecken.

Plötzlich geht es aber darum, mit deinem Business deine Wahrheit und deine Überzeugungen in die Welt zu tragen. Diese Situation ist vermeintlich hochriskant, denn es könnte jemand kommen und sagen, dass das, was du nach außen trägst, Blödsinn ist. „Die spinnt doch mit ihrem Online-Business", oft genug habe ich das gehört.

Mit jedem Schritt, den du nach außen gehst, wirst du bewertet – immer und immer wieder. Diese wiederkehrende Bewertung trifft nun auf alte Wunden aus der Kindheit und Jugend, die noch nicht geheilt sind. Für manche Menschen bietet diese Situation eine Chance, ein für alle Mal mit alten Begrenzungen aufzuräumen, sie zu überwinden und daran zu wachsen. Manche jedoch schaffen den Sprung nicht. Sie erkennen nicht, dass in diesem Prozess Heilung liegen kann. Es kann enorm wehtun, festzustellen, dass du richtig bist, so, wie du bist. Es ist schmerzhaft, kritisiert und bewertet zu werden.

Wenn du nach außen gehst, wirst du früher oder später auf Menschen treffen, die dich in deiner vollen Pracht und Größe nicht toll finden, und das werden sie dir auch sagen. Wenn das passiert, dann kommen sofort die alten Verletzungen und Bewertungen von früher wieder hoch und vielleicht möchtest du dich sofort wieder zurückziehen. Doch bitte glaube an dieser Stelle unbedingt an dich! Mache dir sofort bewusst, dass alles, was je über dich erzählt wurde, nur Geschichten sind. Alles, was dir deine Eltern oder die Lehrer gesagt haben, alle Situationen, in denen du „nicht richtig" warst, sind nur Geschichten. Geschichten, die wir zu unserer Wahrheit, unserer Realität gemacht haben. Doch Geschichten bieten Interpretationsraum und lassen sich neu schreiben.

Hier ein Beispiel: Wenn ich meinen Kindern heute sage: „Ihr seid heute sehr laut, seid doch bitte einmal still", dann denken sie, dass sie nicht richtig sind, wie sie sind, und etwas falsch gemacht haben. Dabei habe ich vielleicht einfach nur Kopfschmerzen und meine Aussage hat mit meinen Kindern selbst gar nichts zu tun. In diesem Moment meine ich es nicht böse, nichts liegt mir ferner, als meinen Kindern zu vermitteln, dass sie nicht „gut genug" sind. Doch sie schreiben daraus ihre Geschichte, ab sofort lautet ihre Realität. „Mama möchte mich nicht so, wie ich bin." Vielleicht erinnerst du dich an ähnliche Geschichten aus deiner Kindheit? Vermutlich haben wir alle solche oder ähnliche Momente erlebt. Doch sie sind vorbei. Willst du dein Leben von ihnen weiterhin beeinflussen lassen?

Sichtbar zu werden bedeutet, dass du dich aus allen diesen alten Geschichten herausschälen darfst. Du darfst die Geschichten neu schreiben, die über dich erzählt wurden. Du darfst verlernen, wie du bewertet wurdest, und dich stattdessen so zeigen, wie du tatsächlich bist. Das ist für viele ein langer und schmerzhafter Prozess. In unseren Coachings unterstützen wir Menschen dabei, sich in ihrer vollen Pracht und Stärke zu entdecken und zu zeigen. Anfangs trauen sich viele noch nicht so richtig und das ist auch völlig in Ordnung so. Du darfst langsam in die authentische Person hineinwachsen, die du wirklich bist. Das geht nicht von heute auf morgen und du musst auch nicht sofort mit einem Paukenknall in die Sichtbarkeit gehen, indem du ungeschminkt oder im Pyjama ein Zwei-Stunden-Facebook-Live machst.

Öffne dich langsam und zeige dich so, wie es sich für dich gerade richtig anfühlt. Lasse dir Zeit, in diesen Prozess einzutauchen. Entdecke Stück für Stück, dass dir nichts Schlimmes passiert, wenn du dich sichtbar machst. Du bist schon erwachsen, darfst dich zeigen, wie du bist. Selbst dann, wenn erneut Bewertungen passieren, beispielsweise von Trollen, die etwas Blödes unter einen Post oder ein Bild von dir schreiben, dann hat das nichts mit dir zu tun. Trolle sind fremde Menschen, die dich benutzen, um ihre Wahrheit zu bestätigen. Lasse solche Dinge nicht zu sehr an dich heran.

Du brauchst Mut, um dich in der Social-Media-Welt so zu zeigen, wie du bist, Mut, deine kindlichen Geschichten beiseitezuschieben. Also sei täglich mutig und schreibe jeden Tag deine Geschichte neu. Vergiss nicht, du bist angetreten, um in der Welt etwas zu verändern. Wenn du dich nicht zeigst, dann wird es Menschen geben, die keine Lösung für ihr Problem finden, da sie DICH nicht finden.

Um auf Social Media loszulegen, musst du nicht perfekt sein. Du brauchst keine tollen Video-Intros oder besondere Filter. Vielleicht fängst du einfach damit an, zunächst einmal nur Texte zu schreiben. Du wirst merken, dass es viel weniger Leute gibt, die dich kritisieren, als du denkst. Jede Reaktion, die du erhältst, hat erst einmal nichts mit dir zu tun. Du darfst wählen, ob du dich mit einer Reaktion beschäftigen möchtest oder nicht.

Im Grunde geht noch heute unser Reptiliengehirn (oder Stammhirn, der älteste Teil unseres Gehirns) in Habachtstellung, sobald wir uns einer unangenehmen Situation öffentlich aussetzen. In der Steinzeit haben unsere Vorfahren sich auf eine grüne Wiese gestellt, um ihre Wahrheit auszusprechen. Wenn dem restlichen Rudel diese Wahrheit nicht gepasst hat, sie sich die Dinge nicht vorstellen konnten, die ausgesprochen wurden, dann passierte es, dass unsere steinzeitlichen Vorfahren verjagt wurden. Zuerst herumgeschubst, verachtet, dann raus aus der Gemeinschaft oder sogar gesteinigt. Genau dieses Gefühl hat unser Reptiliengehirn noch immer. Was ist, wenn ich live gehe und meine Zuschauer mich steinigen? Doch was ist, wenn du stattdessen nicht in deine Größe gehst und dich zeigst?

Die Wahrheit ist, dass du in eine Kamera sprichst, niemand kann dir etwas anhaben. Niemand wird dich steinigen und die Bewertungen, die die Leute über dich haben, die haben sie sowieso, egal was du sagst oder tust. Wird jemand ausfallend, löschst du einfach den Kommentar und blockierst die Person. Mache dir bitte nicht zu viele Gedanken um negative Kommentare und lasse dich nicht von blöden Kommentaren von irgendwelchen Menschen aus deiner Kraft bringen. Gib diesen Menschen keine Energie, schenke dem Vorgang keine Bedeutung. Sprich deine Wahrheit in die Welt, egal was irgendjemand anders, den du vielleicht gar nicht kennst, daraus macht.

Wir alle sind Spiegel. Die Welt wird uns gespiegelt und wir spiegeln die Welt. Du wirst immer durch die Brille der betrachtenden Person, also ihre Weltsicht, gespiegelt. Denke immer daran: Letztlich geht es nicht um dich, sondern um die Menschen, denen du mit deinem Wissen weiterhelfen kannst. Werde also sichtbar für diejenigen Menschen, die dich und deine Leistungen brauchen und zu schätzen wissen. Den Rest kannst du geflissentlich ignorieren. Du bist nicht für jeden da und das ist gut so.

Kundenstory Jeaninne

Jeaninne erzählte in einem unserer Mindset-Coachingcalls, dass sie unfassbare Angst davor hat, sichtbar zu werden mit dem, was sie jetzt tut. Sie sorgte sich, dass ihre Familie sie als „Verrückte" abstempeln würde, wenn sie mit ihrem Coaching-Angebot nach draußen gehen würde. Leider erlebe ich sehr häufig, dass wundervolle Menschen sich von ihrem Umfeld enorm einschränken lassen. Ich habe sie also gefragt, ob sie sich ihr eigenes einzigartiges und wundervolles Leben verbauen möchte, nur aus Rücksicht auf ihre Familie. Sie zögerte noch, ihre Angst saß wirklich tief. Danach sagte ich ihr, dass sie den Mut zu glauben aufbringen muss. Zu glauben, dass alles genau so richtig ist, wie es ist, dass sie berufen ist, ihr wunderbares Wissen in die Welt zu tragen, und dass sie, sobald sie diese Entscheidung getroffen hat, allen erdenklichen Support vom Universum bekommen wird, um sichtbar zu werden.

Ich habe ihr allerdings auch erklärt, dass man das Thema Sichtbarkeit, also vielen Menschen zu sagen und zu zeigen, was man will, was man lebt und wer man ist, nicht in Trockenübungen wegcoachen kann, sondern dass man es einfach tun muss! In den allermeisten Fällen stehen mehr Leute hinter einem, als man denkt, nur wenige wenden sich ab. Jeaninne ist dann am nächsten Tag auf ihrem persönlichen Facebook-Profil live gegangen, und tatsächlich bekam sie ganz viele positive Rückmeldungen. Ihre Sichtbarkeit hat dann im Coaching-Programm eine Kettenreaktion ausgelöst, denn es sind danach ganz viele andere meiner Coachees, die bisher noch gezögert hatten, auch live gegangen, und alle waren vollkommen positiv überrascht.

Erfolgstipp 7 der Millionärin mit Herz

Sichtbarkeit kannst du nur gewinnen, indem du loslegst. Die Angst vor der Sichtbarkeit kannst du ebenfalls nur dann ablegen, indem du ins Handeln kommst. Dafür reichen Trockenübungen nicht mehr aus. Also nimm jetzt dein Handy, poste ein Foto von dir und schreibe, was du gerade machst, zum Beispiel: Ich lese ein Buch, weil ich mir mein eigenes Coaching-Business aufbaue oder aufbauen möchte. Du wirst die Erfahrung machen, dass du mehr Zuspruch als negative Rückmeldungen bekommst. Das ist gelebter und gleichzeitig erlebter Erfolg. Und dieser Erfolg hat drei Buchstaben: TUN.

BEGINNE DANN, WENN DU NOCH NICHT BEREIT BIST

Wie bitte? Ja, ich meine es ernst. Wenn du so lange wartest, bis du vermeintlich bereit bist, in die Sichtbarkeit zu gehen, wirst du warten bis zum Sankt-Nimmerleins-Tag. Da du dich also sowieso nie dazu bereit fühlen wirst, kannst du auch heute noch loslegen.

Du hast jetzt deine „Soul Position", ein Angebot und eine Vorstellung von deinem Lieblingskunden (dazu später noch mehr). Genau diese Personen gilt es nun zu erreichen. Ihnen dein Angebot vorzustellen, sie auf dich und deine Mission aufmerksam zu machen. Starte also damit, auf den klassischen Social-Media-Plattformen: Instagram, Facebook, LinkedIn etc. darüber zu berichten, was du in die Welt tragen willst. Du kannst etwas schreiben, Fotos machen oder, wenn du dich gut damit fühlst, gehe auch einmal live. Wenn dein innerer Zweifler auftaucht und dir wieder ein paar Geschichten erzählen möchte, dann mache dir bewusst, dass du Menschenleben verändern kannst, wenn du dich zeigst. Wenn du dich nicht zeigst, dann nützen dir deine Soul Position und dein Angebot auch nichts – und vor allem auch den Menschen da draußen nicht. Du lebst nicht mehr in der Steinzeit, also keine Angst vor der Sichtbarkeit!

Solltest du die grandiose Möglichkeit nutzen wollen, mit den Menschen in die Interaktion zu gehen, und beispielsweise ein Facebook-Live zu machen, dann muss auch das nicht direkt perfekt sein. Du brauchst nicht wie ein Topspeaker alles auswendig zu lernen, was du sagen möchtest. Mache dir einen Zettel, auf dem du die drei essenziellen Aussagen mit entsprechenden Unterpunkten notierst. Dann gehst du live und sprichst frei heraus. Du musst weder die richtigen Worte in der richtigen Reihenfolge finden noch die Leute auf eine besondere Art und Weise ansprechen. Rede einfach frei von der Leber weg: „Heute habe ich drei Tipps für dich, wie du ...", und schon hast du dein erstes Live im Kasten.

Bitte mache dir an dieser Stelle nicht zu viele Gedanken. Leg einfach los, denn jeder Versuch, den du startest, ist besser als keiner! Wenn du dich sehr unwohl fühlst, dann stelle dir vor, dass du zu einer Freundin sprichst. Habe Spaß, sei unperfekt. Niemand verlangt von dir, dass du von Anfang an alles fehlerfrei bewältigst. Perfektionismus killt Erfolg, vor allem in der Sichtbarkeit. Die Leute möchten keine perfekten Menschen sehen, sie möchten authentische Menschen sehen und spüren.

Ein erfolgreiches Online-Business, das sind nicht nur deine „Soul Position", dein Angebot und ein fairer Preis. Ein erfolgreiches Online-Business baust du dann auf, wenn du spürbar bist, wenn Menschen dich so erleben können, wie du bist. Wenn du unperfekt bist, genauso wie wir alle. Wenn du mit Augenringen live gehst, dein Kind vielleicht einmal reinkommt und du dich verhaspelst. Das macht dich nahbar. Denke immer daran, es geht bei der Sichtbarkeit nicht um dich. Wenn du weißt, worüber du sprichst, dann hören die Menschen genau das, was ihnen gerade weiterhilft. Ihnen ist es egal, ob du dabei nervös bist oder ungeschminkt, denn sie hören, dass du ihnen einen Tipp gibst, den sie noch nicht kannten, den sie gut finden und umsetzen.

Wir überschätzen generell, welche Wirkung wir auf andere haben. Menschen sind mit ihrer Aufmerksamkeit meist bei sich selbst und nicht bei dir. Wir legen häufig so viel Wert darauf, was irgendwer über uns denkt, ohne uns bewusst zu machen, dass wir selbst auch kaum über andere nachdenken. Oder überlegst du den ganzen Tag, warum ein bekannter Coach auf Facebook gestern ein blaues und kein grünes Hemd anhatte? Vielleicht hast du noch gedacht: „Na ja, das Hemd passt nicht zum Hintergrund", doch dann ist der Gedanke auch schon wieder weg. Genauso geht es auch deinen Zuschauerinnen und Zuschauern. Keiner von ihnen macht sich tagelang Gedanken darum, dass du dich verhaspelt hast.

Es geht nicht um dich, sondern immer um deine Kunden und Interessenten. Sprich also das aus, was diesen Menschen hilft. Authentisch und unperfekt, so, wie du bist.

In unserem Kundenmagnetprogramm führen wir dazu gerne mit unseren Kunden kleine Challenges durch. Sie bekommen etwa den Auftrag, fünfmal die Woche einen Post zu machen, egal ob er aus ihrer Sicht perfekt ist oder nicht. Manche Kunden bekommen auch Spezialaufträge, je nachdem, wo gerade ihre größte Herausforderung liegt, beispielsweise die Aufgabe, live zu gehen. Sie bereiten sich also vor, gehen in ihr Herz und überlegen, was sie sagen wollen, schreiben sich einige Punkte auf und los geht's. Das Ganze muss nicht länger dauern als zwei Minuten. Live erledigt – Aufgabe gerockt – neue Geschichte geschrieben! Natürlich arbeiten wir auch an Glaubenssätzen, doch irgendwann ist es auch gut mit Mindset, dann heißt es umsetzen!

Ich gehe regelmäßig auf die Bühne. Nicht immer bin ich perfekt vorbereitet. Auch ich verhasple mich, bin aufgeregt und frage mich oft vor meinen Auftritten, was ich da überhaupt mache. Eigentlich will ich lieber in der Jogginghose auf der Couch liegen und fernsehen. Doch auch hier, ich gehe nicht für mich auf die Bühne, sondern für mein Publikum. Außerdem liebe ich es, Herausforderungen zu bewältigen, denn einer meiner Werte ist Wachstum. Herausforderungen zu bewältigen bringt mir mehr Freiheit und mehr Größe. Daran zu denken hilft mir, wenn ich zweifle, und ich mache mir dann bewusst, dass es mich nicht zum Erfolg führt, wenn ich auf der Couch liege. Erfolg erreichst du dann, wenn du zehnmal unperfekt startest, dich dann verbesserst und weitermachst. Wenn du stattdessen zehnmal zögerst, deine alten Geschichten gewinnen lässt und dich auf die Couch legst, dann wirst du nicht erfolgreich werden.

Wenn du immer noch zögerst, herauszugehen und die Welt zu verändern, weil du Angst vor der Sichtbarkeit hast, dann hier noch ein weiterer Tipp: Mache dir bewusst, was das Schlimmste ist, was passieren kann. Du wirst feststellen, dass es sehr unwahrscheinlich ist, dass diese Situation eintritt. Also kannst du nur gewinnen!

Aus meiner Sicht bist du verpflichtet, dein Strahlen, deine Einzigartigkeit und deine „Soul Position" in die Welt zu lassen. Insbesondere dann, wenn du als Kind abgelehnt wurdest. Auch ich war früher eher ein Außenseiter und hatte mit Ablehnung zu kämpfen. Doch jetzt bin ich erwachsen und sage meiner Seele, dass mir nichts mehr passieren kann. Und das kannst du auch. Hier habe ich noch einen Tipp für dich:

Ich denke in Situationen, in denen ich Neues wage, immer an folgendes Bild: Stelle dir einmal ein verstopftes Wasserrohr vor. Nichts fließt, kein köstliches, frisches, klares Wasser strömt aus dem Rohr. Stattdessen tröpfelt nur irgendetwas Schlammbraunes aus dem Rohr. Nicht sehr appetitlich, oder? Wenn du dieses Rohr nun reinigst, dann kommt auch nicht sofort klares Wasser heraus, sondern der ganze Schmodder und Dreck muss erst mal hinausgespült werden. So ist es auch im Business. Bevor der Erfolg kommt, musst du dich mit unbequemen Situationen auseinandersetzen. Diese Situationen kannst du allerdings nicht auf der Couch oder im stillen Kämmerlein bewältigen, sondern du darfst dich ihnen stellen, in deiner ganzen Kraft. Wenn du hindurchgehst, wirst du sie bewältigen und überleben, und wenn du das zwei- oder dreimal, oder sogar noch häufiger schaffst, dann merkst du: Ja, ich schaffe es jedes Mal! Frisches Wasser wird fließen und Erfolg stellt sich ein. Also halte durch, gehe durch deine Ängste und Zweifel hindurch. Du kannst alles schaffen, wenn du beginnst, an dich und deine Fähigkeiten zu glauben. Also zeige dich und hebe die Welt aus den Angeln!

Erfolgstipp 8 der Millionärin mit Herz

Akzeptiere das Scheitern als Teil des Spiels. Viele Menschen versuchen, Fehler zu vermeiden, anstatt aus Fehlern zu lernen. Ich habe für mich die Angst vor Fehlern oder diesen Wunsch nach vermeintlicher Unbeflecktheit ganz anders gelöst. Auch alle meine Kunden, die das Geheimnis anwenden, das ich dir gleich verrate, sind enorm begeistert. Das Geheimnis lautet: Scheitern ist Teil des Spiels! Fehler sind Teil des Spiels. Sage jetzt fünfmal hintereinander in einer totalen Entspanntheit – also genauso, wie du sagen würdest, ich putze mir die Zähne, ich trinke ein Wasser, heute ist Montag – folgende Sätze: Ich werde scheitern, ich werde Fehler machen! Wiederhole diese Sätze mehrfach. Genau diese nicht bewertende Energie entspannt dich, gibt dir Energie und führt zu magischer Anziehungskraft für dich und deine Kunden.

Magnetische Kundenkommunikation

An dieser Stelle möchte ich noch etwas näher auf deine Lieblingskunden eingehen. Bevor du anfängst, deine Leistungen an irgendjemanden zu verkaufen, benötigst du deine „Soul Position", dein Angebot und einen Kundenavatar, also eine Beschreibung, ein Bild deiner Lieblingskunden.

Um nah bei deinen Kunden zu sein, darfst du dich intensiv mit deinen Kundenavataren beschäftigen. In unseren Programmen ist das eine der primären Aufgaben. Avatar-Arbeit bedeutet bei uns nicht nur eine grobe Beschreibung deines Wunschkunden, beispielsweise: Die Frau ist 35 Jahre alt, hat drei Kinder und wohnt in einer Kleinstadt. Nein, wir gehen viel tiefer. Wir finden heraus, was diese Person sich wünscht, wo ihre Träume und Sehnsüchte sind. Wir wollen wissen, was sie erlebt, wenn sie ihre Kinder aus der Schule holt, was sie denkt, wenn sie auf ihr Konto schaut. Was sind ihre ersten Gedanken, wenn sie morgens die Augen aufschlägt, und was die letzten, wenn sie abends ins Bett geht? Diese Informationen kombinierst du dann mit deinem Expertenwissen.

Erinnere dich dabei immer an die Frage, wem du am besten dienen kannst und zu wem du Anknüpfungspunkte hast. Deine Avatare sind Menschen, zu denen du Herzensverbindungen hast. Kundengewinnung funktioniert dann am besten, wenn du über deine Sprache, sei es in Posts oder in Videos, eine Verbindung aufbauen kannst. Wenn deine Kunden sich fragen, woher du weißt, wie sie gerade denken. Es ist deine Aufgabe, in die Welt deiner Kunden einzutauchen, sie anzusprechen und mit ihnen Verbindungen aufzubauen. Für sie soll es sich so anfühlen, als ob du sie kennst. Das Ziel ist Vertrauensaufbau, denn Vertrauen ist die Voraussetzung für Kaufen und auch Verkaufen.

Wenn du klar bist in deinem Angebot und genau weißt, für wen es die maximale Transformation bewirken kann, dann kannst du anfangen, genau für diese Kunden deine Worte zu wählen. Du musst deine Kunden in- und auswendig kennen, sodass sie, wenn sie etwas von dir lesen oder hören, denken: „Wow, woher weiß er/sie das alles?" Beschränke dich hier nicht nur auf eine Beschreibung deiner Programme, das ist an dieser Stelle eher nebensächlich. Fange stattdessen an, deine Kunden in ihrem Alltag zu beschreiben. Erzähle, was deine Kunden erleben, wenn sie morgens früh aufwachen, wie ihr Tag verläuft, was sie denken, wenn sie essen und ins Bett gehen. Deine potenziellen Kunden müssen das Gefühl bekommen, dass du dich hervorragend mit dem Thema, um das es geht, auskennst, dass du absolute Expertin oder absoluter Experte darin bist, denn sonst könntest du die Probleme gar nicht so genau beschreiben. Die Kunst in der magnetischen Kundenkommunikation liegt darin, dass du deine Kunden genau dort abholst, wo sie gerade stehen. Du beschreibst, wie deine Kunden ihren Alltag erleben, und zwar aus ihrer Sicht und nicht aus deiner.

Stelle dir einmal vor, du bist Busfahrer. Jetzt siehst du eine Haltestelle, an der eine Menge Leute stehen, die alle einsteigen wollen. Du weißt, dass diese Personen von A nach B wollen, und du hast die Lösung: den Bus. Kommunizierst du nun an deinen Kunden vorbei, weil du sie mit ihren Sorgen, Nöten und Ängsten nicht ansprichst, dann ist das so, als ob du mit dem Bus 30 Meter vor der Bushaltestelle anhältst. Die Leute sehen dich zwar, sind aber irritiert, weil du sie nicht abholst. Und irritierte Kunden kaufen nicht.

Magnetische Kundenkommunikation bedeutet, dass du es schaffst, die Welt der Kunden so in Worte zu fassen, dass sie sich denken, du sitzt an der Bushaltestelle neben ihnen und weißt genau, wie es ihnen geht und wo sie hinwollen.

Du beschreibst den Ort in den schönsten Farben, denn du warst schon dort, kennst dich aus und weißt genau, welchen Bus deine Kunden nehmen müssen, um dorthin zu kommen.

Wenn du deine Kunden nicht erreichst, kann es sein, dass du die falsche Zielgruppe gewählt hast oder zu sehr an der Oberfläche bleibst. Ich glaube tatsächlich, dass viele Coaches und Berater leider zu oberflächlich bleiben und sich nicht trauen, in den Schmerz und in die Herausforderungen, also den Alltag ihrer Zielgruppe, wirklich einzutauchen.

Ein Fallstrick an dieser Stelle ist auch, zu viel Expertenwissen nach draußen zu tragen. Niemand wird gern belehrt. Natürlich hast du die Lösung und weißt, woran es liegt, wenn deine Kunden nicht die Ergebnisse erzielen, die sie haben möchten. Und natürlich weißt du, welches deiner Produkte ihr Problem lösen würde. Du kennst den richtigen Bus. Doch leider kannst du es nicht so „platt" kommunizieren wie im folgenden Beispiel: „Du verdienst nicht genug Geld? Das liegt an XYZ. Ich weiß Bescheid, wie es besser geht, buche mein Produkt." Ab und zu darfst du zwar auch auf diese Art und Weise kommunizieren, doch Menschen, die dich noch nicht kennen, benötigen erst einmal ein emotionales Erlebnis. Dann können sie eine Beziehung zu dir aufbauen und du zu ihnen. So bindest du sie an dich und deine Produkte.

Die erste Verbindung zu dir entsteht immer über Emotionen. Als Expertin oder Experte wirst du dann wahrgenommen, wenn du in den Kopf deiner Zielgruppe hineinschaust. Wenn du weißt, welche Schmerzen dein Gegenüber erlebt, weißt, welchen Herausforderungen die Person sich stellen muss. Schmerzen anzusprechen berührt meist stärker als eine rein positive Darstellung. Viele trauen sich leider nicht, genau diese Schmerzen anzusprechen. Ich halte das für unterlassene Hilfeleistung. Nur wenn du Menschen in ihrer Emotion erreichst, fühlen sie sich abgeholt und sind danach für eine Lösung offen. Also traue dich, in den Schmerz einzutauchen und ihn anzusprechen. Ich finde, Coaches und

Mentoren sind sogar dazu verpflichtet, dorthin zu leuchten, wo es besonders dunkel ist, also mitten in den Schmerz hinein.

Wenn du Menschen ansprichst, die sich transformieren und wachsen möchten, dann ist es dein Job, dort hineinzustechen, wo es wehtut, ihnen beispielsweise klarzumachen, dass es nicht gesund ist, 50 Stunden die Woche für 3.000 Euro zu arbeiten (oder was immer der Schmerz deiner Kunden sein mag).

Wenn du dein Herz vollkommen in die Kommunikation hineingibst und eine Herzensverbindung aufbaust, dann darfst du auch über Schmerzen reden. Ich mache das auch, doch immer mit Wertschätzung und von Herz zu Herz. Denn nur wenn ich fühle, worüber ich spreche, erreiche ich damit mein Gegenüber.

Trotzdem achte an dieser Stelle bitte auch auf dich. Ich kenne viele feinfühlige Persönlichkeiten, die zu sehr in den Schmerz eintauchen und dann im Drama einer anderen Person gefangen werden. Du darfst lernen, zwar in den Schmerz einzutauchen, doch danach auch wieder deine professionelle Rolle einzunehmen, ohne dir die Gefühle anderer Personen zu eigen zu machen. So entsteht die sogenannte magnetische Kundenkommunikation: Kunden fühlen sich zu dir hingezogen und erkennen, dass dein Angebot ihre Probleme löst. Wie ein Magnet ziehst du die Menschen in dein Leben, für die du die richtige Person bist. Durch dich, deine Sichtbarkeit und deine Authentizität. Nicht nur magnetisch, sondern magisch.

Erfolgstipp 9 der Millionärin mit Herz

Gehe einen Tag in den Schuhen deines Lieblingskunden durchs Leben. Beobachte dich dabei genau: Was denkt dein Kunde beim Aufwachen? Was überlegt er bei den ersten Schritten ins Büro, bei der Arbeit, mittags, tagsüber, wenn er nach Hause kommt? Mache dir Notizen über all diese Dinge. Das Wissen über deine Kunden gibt ihnen das Gefühl, dass du sie nicht nur oberflächlich, sondern in der Tiefe verstehst. Das schafft Vertrauen und

Vertrauen ist das, was am Ende zum Kauf führt. Und genau das ist doch das, was du möchtest: Wenn ein Kunde bei dir kauft, entsteht eine Win-win-Situation: Du gewinnst einen Kunden und der Kunde erhält die Lösung für sein Problem. Es lohnt sich also, mit den Augen deines Kunden zu sehen. Nur so gewinnst du Verständnis und Vertrauen.

WIE INNEN – SO AUßEN

Vielleicht hast du schon bemerkt, dass du, um dir Kunden zu manifestieren oder auch um für Kunden magnetisch zu werden, nicht nur im Außen, also beispielsweise auf Social Media, arbeiten darfst, sondern auch im Innen. Du darfst dir spätestens jetzt erlauben, ein Beitrag für das Leben anderer Menschen zu sein und für deine Arbeit wertgeschätzt zu werden. Bevor du anfängst, im Außen in die Sichtbarkeit zu gehen, darfst du dir vorstellen, wie es sein wird, wenn Kunden zu dir kommen, Buchungen für dein Angebot abgeschlossen werden. Innerlich darfst du schon einmal hören, wie es sein wird, wenn jemand zu dir sagt: „Ja, ich will mit dir arbeiten." Stelle dir genau vor, wie dein Coaching-Programm voller Menschen ist, denen du weiterhelfen kannst und wie das Geld für die Coachings auf dein Konto kommt. Visualisiere, wie es sich anfühlen wird, wenn die Buchungsmail bei dir ankommt und wie du mit deinen Kunden im Videocall sitzt. Verbinde diese inneren Bilder mit einer positiven Emotion. Freude, Aufgeregtheit und Dankbarkeit. Du wirst sehen, die Kunden werden dann auch im Außen zu dir kommen.

Oft werde ich gefragt, wie man sich denn etwas „erlauben" kann. Eigentlich ganz einfach, denn du sagst dir innerlich einfach: „Ich erlaube mir, viel Geld zu verdienen, denn ich bin schon groß." Als erwachsener Mensch darfst du dir im Grunde alles erlauben, denn es gibt niemanden mehr, der dir etwas erlauben muss. Du bist Herrscher über dein Leben. Du darfst dich selbst ermächtigen, ein Beitrag für das Leben anderer Menschen zu sein. Du darfst dir erlauben, Geld für deine Dienstleistung zu verlangen. Du darfst dir erlauben, Fans zu haben.

Wenn du merkst, dass du etwas gerne tun würdest, es aber nicht machst, dann erlaubst du es dir selbst nicht. Vielleicht bist du noch in alten Geschichten gefangen. Jeder von uns kennt den Ausruf: „Was erlaubst du dir denn da!“, meist gefolgt von heftigem Kopfschütteln seitens der Eltern, Lehrer oder Großeltern und kombiniert mit einem Verbot. Wenn du innerlich solche Sätze hörst, dann drehe sie um: Ja, ich erlaube mir, viel Geld zu verdienen! Ich bin schon groß! Ich erlaube mir, mein Online-Coaching-Business zu starten, es groß herauszubringen, mich als Expertin für mein Thema zu etablieren. Es gibt niemanden mehr, der dir etwas erlauben kann – das kannst nur du. Wenn du jetzt noch zögerst, dann überlege bitte einmal: Wofür lebst du? Für wen lebst du? Lebst du, um die Erwartung deiner Eltern, deines Partners, deiner Kinder oder deiner Chefin zu erfüllen? Oder lebst du für dich? Stelle dir einmal vor, du bist 80 Jahre alt und blickst auf dein Leben zurück. Wie wird es sich wohl anfühlen, wenn du dann erkennen musst, dass du immer nur die Erwartungen anderer erfüllt hast, anstatt dein Leben zu leben? Anstatt das zu machen, für das du angetreten bist? Festzustellen, dass du dir nicht erlaubt hast, dein Leben nach deiner Regie und deinem Gutdünken zu leben? Ich denke, das wäre kein schöner Lebensrückblick. Also höre auf, immer nur den Erwartungen anderer entsprechen zu wollen! Das ist utopisch, das schaffst du sowieso nicht. Ich weiß, ich bin hier sehr ehrlich zu dir, und das muss ich auch sein, damit du verstehst, dass du alleine verantwortlich für dein Leben bist.

Wenn du dich für ein erfolgreiches Leben entscheidest, wirst du definitiv nicht alle Erwartungen erfüllen, die andere in dich setzen. Du kannst entscheiden, ob du lieb, nett und angepasst den Weg beschreiten möchtest, den andere Menschen für dich vorgesehen haben, oder lieber Regisseur für dein eigenes Leben sein. Wenn du dich dafür entscheidest, DEIN Leben nach DEINEN Vorstellungen zu leben, wirst du Kritik ernten und Erwartungen enttäuschen, darauf kann ich dir heute schon Brief und Siegel geben. Doch was ist wohl dauerhaft besser?

Deine eigenen Erwartungen in dein selbstbestimmtes, erfolgreiches Leben zu enttäuschen oder lieber die anderer Menschen? Und letztlich ist es doch so, dass die Erwartungen anderer, die du enttäuschst, eigentlich deren eigene Limitierungen sind. In dem Moment, in dem du dir etwas erlaubst, zeigst du den anderen ihre Limitierungen auf. Das triggert sie und du erhältst Gegenwind: „Das, was sie sich da erlaubt, das geht einfach gar nicht!" Es ist viel leichter für uns, mit dem Finger auf andere zu zeigen, als auf uns selbst zu schauen. Also nimm dich selbst wahr, mit all deinen Wünschen und Bedürfnissen. Nur so schaffst du dein erfülltes Leben nach deinen Regeln. Oft erlebe ich bei meinen Coachees, dass sie sich nicht gut fühlen, dass sie gerne mehr geben würden, es aber nicht können, weil sie sich leer fühlen. Wenn auch du dich innerlich leer fühlst, kann das ein erster Hinweis darauf sein, dass du immer nur die Erwartungen anderer erfüllst. Vieles, was du trotzdem jeden Tag noch tust, ist für dich unstimmig und fühlt sich nicht gut an. Du spürst, dass du dich verrannt hast, nur noch funktionierst, alles hinschmeißen möchtest. Tief in dir wächst eine Sehnsucht nach mehr, nach mehr Wirksamkeit und mehr Leben. Diese Anzeichen deuten darauf hin, dass du in den Erwartungshaltungen anderer gefangen bist. Sie können sich sowohl im Innen als auch im Außen zeigen. Wenn du nach innen blickst, eventuell sogar mit Unterstützung eines Coaches oder Mentors, kommt vielleicht heraus, dass du dich nicht authentisch zeigen konntest, weil du Verantwortung für andere Menschen übernimmst statt für dich selbst, denn du möchtest nicht, dass andere Menschen sich in deiner Gegenwart unwohl fühlen. Also übernimmst du Verantwortung für deren Gefühle, nimmst dich selbst zurück, um den anderen nicht zu verletzen. Du möchtest nicht zu erfolgreich, zu reich, zu strahlend sein, um niemandem wehzutun. Doch in Wahrheit ist jeder für seine Gefühle selbst verantwortlich.

Also drehe dein Licht und deine Strahlkraft auf Maximum! Wenn du für manche Personen zu hell leuchtest, dann brauchen sie eben eine Sonnenbrille oder bewegen sich eben weg von **deinem Licht. Diese Abwendung von dir** kann ein schmerzhafter Prozess sein und dabei kommen häufig viele unbewusste Muster hoch, die du dir optimalerweise gemeinsam mit jemand anderem ansehen solltest. Alleine können wir häufig nicht zum Kern der Geschichten vorstoßen, die wir uns erzählen, deshalb ist ein Blick von außen an dieser Stelle äußerst hilfreich.

Ich jedenfalls habe mich entschieden, dass ich nicht mit 80 auf ein Leben zurückschauen möchte, das ich nur für andere gelebt habe. Ich möchte zurückschauen und sagen: „Krass, mehr als die Hälfte meines Lebens habe ich mir so gestaltet, wie es für meine Familie und mich passt. Und es war genial!“ Mit all den Höhen und Tiefen, mit all der Liebe, allen Begegnungen, berührten Herzen und guten und auch schlechten Tagen.

Und genau das wünsche ich dir auch.

Erfolgstipp 10 der Millionärin mit Herz

Hast du mal wieder das Gefühl, dass du irgendwelche Erwartungen von irgendwem erfüllen möchtest oder musst, möchte ich dir folgendes Bild mitgeben: Du bist kein Pfirsich! Stelle dir bitte jetzt einen richtig reifen Pfirsich mit orangefarbenem Fruchtfleisch, reif und noch warm vom Baum gepflückt, vor. Na, läuft dir das Wasser im Mund zusammen? Oder schüttelt es dich eher? Nicht alle mögen Pfirsiche und hier kommst du ins Spiel: Egal was du machst, manche werden es mögen und manche eben nicht. Es ist Teil des Spiels, dass du von manchen Menschen abgelehnt wirst, während andere dich lieben. Am Ende des Tages ist es wichtig, dass du für dich gehst und dich darauf verlässt und darauf vertraust, dass auf dem Weg zu deinem Erfolg genau die richtigen Menschen zu dir kommen werden. Du würdest ja auch keinen Pfirsich kaufen, wenn du ihn nicht magst, oder? Also akzeptiere, dass nicht alle Menschen dich mögen. Habe Vertrauen, dass die richtigen Menschen dich finden werden.

HERZINTELLIGENT VERKAUFEN

Wenn du also vorhast, dir das Business und das Leben deiner Träume zu erschaffen, um darauf mit 80 Jahren mit Stolz und Freude zurückzublicken, kommst du um eine weitere, wichtige Sache neben deiner „Soul Position“ und Sichtbarkeit nicht herum: Du musst lernen zu verkaufen.

Wenn du verkaufen kannst, wirst du nie wieder einen Mangel erleben.

Viele Menschen haben leider eine negative Grundeinstellung zu diesem Thema, vor allem im deutschsprachigen Raum. Woran denkst du beispielsweise, wenn du an einen Verkäufer denkst? Wahrscheinlich an einen eher schmierigen Typen, der an der Tür klingelt und dir einen Staubsauger verkaufen will. Oder irgendeinen Guru aus dem Internet, der dir verspricht, dass du in kürzester Zeit ein sechsstelliges Monatseinkommen erzielst, wenn du sein Programm kaufst – aber bitte sofort, denn es gibt nur begrenzte Plätze! Viele assoziieren Verkaufen damit, dass Menschen manipuliert, über den Tisch gezogen, ausgenutzt werden oder dass ihnen Geld aus der Tasche gezogen werden soll. Solltest auch du solche Gedanken haben, wenn du an das Verkaufen denkst, dann gebe ich dir gerne an dieser Stelle meine Definition von Verkauf mit: Verkaufen ist aus meiner Sicht ein Treffen von zwei Seelen, die miteinander klären, ob sie ein Stück des Weges miteinander gehen möchten – oder eben nicht. Klingt das etwa manipulativ und unseriös? Ich meine, nein.

Wenn ein Kunde mit einem Problem zu dir kommt und du weißt, dass du es gemeinsam mit ihm lösen kannst, dann ist es deine Pflicht, diesem Menschen dein Produkt zu verkaufen, denn durch deine Dienstleistung oder dein Produkt trägst du zu einem besseren Leben einer anderen Person bei. Wenn du dabei dein Herz öffnest, dann ist der Verkaufsprozess weder manipulativ noch unter Druck. Du bietest offen und ehrlich etwas an, was der anderen Person in ihrem Leben weiterhelfen wird.

Natürlich gehört noch etwas mehr dazu als ein offenes Herz, eine klare Positionierung und ein gutes Angebot. Daher bringen wir in unseren Programmen unseren Kunden klassische, verkaufspsychologische Mechanismen bei, die ihren Interessenten helfen werden, eine Entscheidung für den nächsten Schritt in ihrem Leben zu treffen – für eine Transformation und das entsprechende Angebot. Sollten die Kunden sich dann trotzdem entscheiden, nicht zu kaufen, dann behalten sie eben ihr Problem und du hast es wenigstens versucht.

Um herzintelligent zu verkaufen, benötigst du ein gutes Produkt und musst wissen, welchen Personen es weiterhelfen wird, also deinen Kundenavataren. Dann bietest du es auch nur diesen Personen an – das ist für mich Verkäuferehre. Dabei darfst du natürlich Verkaufspsychologie anwenden, aber nicht, um den anderen zu überreden, sondern, um mit Herz, Leib und Seele zu überzeugen, dass dein Produkt genau das Richtige für die andere Person ist. Arbeite mit deinen Interessenten immer auf Augenhöhe und bedenke, dass Menschen, die ein Problem haben, auch auf der Suche nach einer Lösung dafür sind. Wenn du diese Lösung hast, sie aber nicht verkaufst, dann gehen sie woanders hin.

Wenn du herzintelligent verkaufst, unterstützt du deine Kunden nur dabei, eine gute Entscheidung zu treffen. Dabei geht es gar nicht primär um dich und dein Produkt, sondern darum, eine Lösung anzubieten, die das Leben deines Kunden verändern kann. Daran ist nichts manipulativ oder verwerflich.

Nutze an dieser Stelle gerne auch das Gesetz der Anziehung. Wenn du dein Herz öffnest und die Probleme deiner Kunden sowie die Lösung, die du bietest, authentisch nach außen kommunizierst, dann wirst du entdecken, dass du genau die richtigen Kunden in dein Leben ziehst. Stelle dir dafür vor, wie du mit Leichtigkeit im Verkaufsprozess überzeugst, visualisiere dir, wie die Menschen zu dir kommen, und gehe mit Freude und einer positiven Absicht an die Sache. Du manifestierst dir genau das Ergebnis, das du haben möchtest.

Bestimmt hast du schon vom „Manifestieren“ gehört. Das bedeutet, dass du dir die Dinge, die du in deinem Leben haben möchtest, in deinen Gedanken ausmalst. In den buntesten Farben und bis ins kleinste Detail, und das immer und immer wieder. Auf diese Weise sendest du, vereinfacht gesagt, Schwingungen aus und legst den Grundstein dafür, dass diese Dinge, die du dir vorstellst, sich in deinem Leben zeigen, sich also manifestieren. Mehr dazu, wie du lernen kannst, dir dein gewünschtes Ergebnis zu manifestieren, erfährst du in unseren Programmen, und zwar so, dass du es sofort umsetzen kannst. Schau gerne einmal hier vorbei:

Erfolgstipp 11 der Millionärin mit Herz

Viele Tipps zum Manifestieren findest du hier:
https://christinasternbauer.com/manifestieren-ohne-schischi/

GESETZ DER WAHRSCHEINLICHKEIT

Stelle dir einmal vor, du stehst an einer Losbude. Der Hauptgewinn ist eine schöne Reise und es gibt insgesamt 5000 Lose. Wenn du nun alle Lose kaufst, gewinnst du die Reise ganz sicher. Kaufst du nur 10 Lose, benötigst du reichlich Glück, um die Reise zu gewinnen. Wahrscheinlich erhältst du nur einen Trostpreis oder ziehst lauter Nieten. Das Gesetz der Wahrscheinlichkeit hat zugeschlagen.

Genauso kannst du dir dieses Gesetz auch im Vertrieb vorstellen und zunutze machen. Vereinfacht gesagt: Je mehr Leute dich kennen, umso mehr Leute werden bei dir kaufen. Wenn dich zehn Personen kennen, dann kauft vielleicht einer von zehn oder auch keiner. Das bedeutet dann nicht automatisch, dass dein Produkt schlecht ist. Vielleicht ist der Schmerz dieser zehn Personen noch nicht groß genug oder es passt gerade zeitlich nicht, weil diese Personen dringendere Herausforderungen haben. Bei zehn Personen gibt es nur eine geringe Wahrscheinlichkeit, dass jemand wirklich an deinem Angebot interessiert ist.

Kennst du allerdings 100 Leute aus deiner Zielgruppe, dann ist es schon deutlich wahrscheinlicher, dass eine oder sogar mehrere dieser Personen bei dir kaufen. Je höher also deine Reichweite und deine Sichtbarkeit bei Social Media sind, desto größer ist die Wahrscheinlichkeit, dass die Menschen bei dir kaufen. Um herzintelligent zu verkaufen, benötigst du also auf der einen Seite das passende Mindset und das Manifestieren, um die innere Basis für deinen Erfolg zu legen, und andererseits ganz klare, handfeste Strategien, die du nutzt, um erfolgreicher zu sein, mehr zu verkaufen, mehr Menschen zu erreichen und dadurch mehr Geld zu verdienen. Einige dieser Strategien möchte ich dir nachfolgend vorstellen.

ORGANISCH VS. PAID

Immer mehr Coaches, Trainer und Berater drängen auf den Online-Markt und buhlen um die Aufmerksamkeit der Kunden – auch deiner Kunden. In Zeiten der völligen Reizüberflutung auf Social Media (im Schnitt verweilen wir nur noch drei Sekunden bei einem Post, den wir auf den ersten Blick spannend finden) ist es umso wichtiger, dass du dich nicht nur auf organische Reichweite verlässt, also Reichweite, die du unbezahlt, nur über deine Posts und Follower erreichst. Stattdessen solltest du von Anfang an auf eine gute Strategie setzen und in deine Reichweite investieren. Dafür eignet sich bezahlte Werbung auf den klassischen Kanälen: Facebook, Instagram oder auch LinkedIn. Natürlich kannst du versuchen, erst einmal nur organisch zu wachsen, doch dann dauert es einfach ewig, bis du genügend Menschen aus deiner Zielgruppe findest, die sich für dein Angebot interessieren. Denke noch mal an die Lostrommel. Erreichst du alle Interessenten und kaufst alle Lose oder verlässt du dich auf dein Glück?

Ich empfehle dir, dir von Anfang an eine gute Reichweitenstrategie zu überlegen oder dich an dieser Stelle strategisch beraten zu lassen, um herauszufinden, wie du es schaffen kannst, täglich mehr und mehr Menschen in dein Universum zu ziehen: Potenzielle Interessenten und Kunden, die von dir hören, deine Posts lesen, deine Videos sehen und irgendwann mit hoher Wahrscheinlichkeit eines deiner Programme oder Produkte kaufen.

In unserem Kundenmagnetprogramm vermitteln wir unseren Kunden unter anderem folgende Strategie, die wir auch selbst nutzen: Über Facebook-Werbung holen wir Menschen in eine Gruppe, in der ein niedrigpreisiger Fünf-Tage-Workshop stattfindet. In diesem Workshop sind dann meist mehrere Hundert Leute und er kostet beispielsweise 79 Euro. Dort erhalten die Teilnehmenden wertvollen Content, der sie sofort auf ihrem Weg ein Stück weiterbringt. Einigen reicht dieser Input dann schon aus, viele entscheiden sich aber, mit uns weiterzugehen und Kunden zu werden.

Diese strategische Vorgehensweise ist ein klassischer „Funnel“. Ein Funnel ist das englische Wort für Trichter, und genauso kannst du dir diese Strategie auch vorstellen. Oben kommt eine große Menge an Menschen in den Trichter hinein (z. B. über Facebook-Werbung) und über Workshop filtern wir genau diejenigen Kunden heraus, denen wir mit unseren weiterführenden Programmen oder Produkten weiterhelfen können. Diese Kunden haben uns über den Workshop schon kennengelernt und Vertrauen gefasst. Sie haben erkannt, dass eine Zusammenarbeit mit uns ihr Problem lösen wird, sind also kaufbereit. Die Voraussetzung für einen solchen strategischen Funnel ist es also, dass du einen Fünf-Tage-Workshop mit wertvollen Inhalten auf die Beine stellst, weitere Produkte anbieten kannst und deinen Verkaufsprozess im Griff hast. Wenn du mehr darüber erfahren möchtest, welche Möglichkeiten sich dir mit einem solchen (oder einem der vielen anderen) Funnel eröffnen, dann schau gerne hier vorbei:

https://christinasternbauer.com/kundenmagnet

Stehst du gerne vor der Kamera, dann kannst du auch mit Youtube-Marketing oder kleineren Workshops durchstarten. Dafür solltest du allerdings absoluter Top-Experte für dein Thema sein, musst Gruppen führen können und die Technik im Hintergrund beherrschen. Es gibt an dieser Stelle zahlreiche Strategien, die dich zum Ziel führen können, sowohl für Anfänger als auch Fortgeschrittene.

Eine pauschale Antwort, welche Strategie die richtige für dich ist, kann ich dir an dieser Stelle nicht geben, doch ich lade dich gerne zu einem kostenfreien Strategiegespräch ein, in dem du wertvolle Impulse für deinen Reichweitenaufbau erhältst:

https://christinasternbauer.com/strategiegespräch

Möchtest du erst einmal organisch wachsen, dann empfehle ich dir, jeden Tag zu überlegen, was du genau an diesem Tag machen kannst, um mehr Reichweite zu erlangen. Gehe live, mache Posts oder gründe eine

Gruppe. Doch sei dir bewusst, dass du auch in all diese organischen Maßnahmen investieren musst, und zwar Zeit und Geduld.

Wenn du merkst, dass du an Grenzen stößt und es nicht mehr vorwärtsgeht, hier noch ein wichtiger Hinweis: Bitte habe keine Angst vor finanziellen Investitionen, die dir mehr Reichweite bringen. Im August 2017 begann ich, mich online sichtbar zu machen. Innerhalb von vier Jahren habe ich noch nicht einmal 15.000 Euro in Facebook-Werbung investiert – daraus sind allerdings über 2,5 Millionen Euro an Umsatz entstanden! Bitte verwechsle an dieser Stelle niemals Kosten und Investitionen. Kosten spülen dir kein Geld zurück ins Unternehmen, Investitionen schon, und Werbung in deine Reichweite zahlt sich, genauso wie eine entsprechende Beratung oder ein Coaching zum Thema, langfristig immer aus.

Da draußen sind so viele Menschen, die genau dich suchen. Dich mit deiner einzigartigen Expertise und deinem Programm oder Produkt, das die Lösung für ihr Problem bietet. Also mache dich sichtbar. Ermögliche es den Menschen, dich zu finden und sich mit dir zu verbinden. Vielleicht verzweifelst du an dieser Stelle auch ab und zu: Du hast zwar ein gutes Mindset, manifestierst dir Kunden, hast ein tolles Angebot und eine glasklare Positionierung – doch trotzdem kauft niemand. Dann nutze das Gesetz der Wahrscheinlichkeit! Baue einen Funnel auf, der zu dir und deiner Persönlichkeit passt, investiere in bezahlte Reichweite und mache jeden Tag mehr und mehr Menschen auf dich und deine Angebote aufmerksam, um dann mit Leichtigkeit zu verkaufen.

An dieser Stelle gibt es einige Hürden. Gib dir bitte also auch etwas Zeit, um beispielsweise in große Zahlen hineinzuwachsen. Du musst nicht direkt zu Anfang 1 Million Euro Umsatz machen. Lasse dich beraten, baue in Ruhe die entsprechenden Systeme auf und fange erst einmal etwas kleiner an. Wenn du beispielsweise anfangs 5.000 Euro im Monat verdienen möchtest, dann eruierst du erst einmal, welchen zeitlichen und monetären Aufwand du betreiben solltest, um dieses Ziel zu erreichen. Stück für Stück wächst du dann gemeinsam mit deinem Business.

Kundenstory Sabine

Als Sabine zu mir kam, sprachen alle Anzeichen dagegen, dass sie mit ihrem Online-Business erfolgreich wird, und zwar aus einem Grund: Sabine war innerlich nicht bereit, Geld anzunehmen und Wohlstand aufzubauen. Sabine arbeitete als Reinigungskraft, als sie zu mir in den ersten Kurs kam. Gleichzeitig war sie aber auch als Reiki-Meisterin und Heilerin ausgebildet. Sie konnte allerdings bislang mit ihren Ausbildungen kein Geld verdienen, weil sie nicht bereit war, einen Stundensatz zu nehmen, der für sie angemessen war und von dem sie leben konnte. Sie war vom Kopf her keine Heilerin, sondern erlebte sich selbst jeden Tag als Reinigungsfrau. Als ich mit ihr während eines Coachings über das Thema Reiki-Meister sprach, stellten wir fest, dass alle Reiki-Meister (zumindest diejenigen, die wir bislang kannten) ein schlechtes Geldmindset und die Einstellung haben: Ich darf mit Heilung kein Geld verdienen. Also hatte auch sie diese Einstellung, die leider nicht sonderlich förderlich für ihr zukünftiges Business war. Ich coachte sie eine Zeit lang und mit einem Mal erhob sie sich und sagte: „Ich trete aus der Geldmindset-Geschichte der Reiki-Meister aus und ich erlaube mir jetzt, einen Stundensatz anzunehmen, der für mich angemessen ist, der mir guttut und mit dem ich mein Business aufbauen kann." Das war für sie wie ein Herausschälen aus alten Geldglaubenssätzen, die ihr nicht erlaubt hatten, ihren Geldfluss wirklich so zu leben, wie sie das gerne wollte und wie es zu ihr passte. Sabine machte kurz darauf ihren ersten fünfstelligen Monat und musste schon im ersten Jahr Einkommenssteuer zahlen, was ein positives Zeichen dafür ist, dass ihr Business funktioniert. Bei Sabine hatten wir während des Coachings an einer Stellschraube gedreht, die ihr von nun an erlaubte, dass sie für ihre Leistung Geld annehmen darf.

Du musst innerlich bereit sein, so viel Geld zu verdienen, musst es zulassen können. Mit großen Summen geht auch eine hohe Wertschätzung deiner Person und deiner Arbeit einher, du darfst lernen, das anzunehmen. Viele von uns kommen noch gut zurecht, wenn uns jemand sagt: Ich zahle dir 100 Euro die Stunde. Doch nun kommt jemand und möchte dir 2.000 Euro die Stunde bezahlen. Da kommt bei vielen sofort die Frage hoch: Bin ich das überhaupt wert? Ich hätte es auch nicht gepackt, wenn ich direkt im ersten Monat 150.000 Euro oder mehr verdient hätte, so, wie das heute der Fall ist. Gib dir Zeit, wenn du sie brauchst, und gehe in deinem Tempo voran.

Ich nenne diese Herausforderung gerne den „Money-Schuh". Auf jedem Level, auf dem du dich befindest, hat dieser „Money-Schuh" eine andere Größe. Gib dir also auch auf jedem Level Zeit, um diesen Schuh anzuziehen und mit ihm laufen zu lernen. Vergrößere stetig dein Verständnis von Geld. Geld ist Energie und du darfst herausfinden, wie viel Energie du empfangen möchtest, anstatt permanent nur zu geben. Viele meiner Kunden geben die ganze Zeit, sind aber schlecht im Empfangen. Durch ein solches Verhalten drehen sie sich oft unbewusst den Geld- oder Kundenstrom wieder ab. „Hilfe, es buchen gerade so viele bei mir, das schaffe ich überhaupt nicht", heißt es dann. Durch diese Äußerungen oder auch unbewusste Glaubenssätze, beispielsweise noch nicht für den Geldstrom bereit zu sein, versiegt er genauso schnell, wie er zu fließen begonnen hat. Das wäre doch ärgerlich.

Erfolgstipp 12 der Millionärin mit Herz

Ich möchte dir ein Bild zum Thema Facebook-Werbung mitgeben, das deine Einstellung zu Social-Media-Werbung vollkommen verändern wird oder von Anfang an dafür sorgt, dass du Social-Media-Werbung nicht als unnötig oder gar als Bedrohung wahrnimmst. Stelle dir vor, eine bezahlte Werbung, also beispielsweise eine Facebook-Anzeige, ist nichts anderes als eine kleine Miniausgabe von dir, die, während du etwas anderes machst, in der Social-Media-Welt herumhüpft und den Leuten sagt: Hallo, mich gibt es und ich habe eine Lösung für dich, wenn du folgendes Problem hast. Für diese kleinen, glitzernden, bewussten Miniausgaben von dir, die herumhüpfen und authentisch, liebevoll und herzlich auf dein Thema aufmerksam machen, bezahlst du Geld und erhöhst damit deine Reichweite.

Dein Money Mindset

Möchtest du wirklich finanziell erfolgreich sein (ja – wirklich, denke bitte darüber einmal nach), dann musst du dich nicht nur mit deinem Money-Schuh, sondern auch deinem Money Mindset auseinandersetzen. Wenn du für dich beschließt, dass dir fünf- oder sechstausend Euro im Monat ausreichen, dann ist das eine Entscheidung, die völlig in Ordnung ist, nicht alle müssen viel Geld verdienen. Dann solltest du diese Entscheidung aber auch klar kommunizieren und innerlich annehmen. Wenn du allerdings mehr willst, so wie auch von Anfang an, dann musst du dich mit deiner Beziehung zu Geld und großen Zahlen auseinandersetzen.

Viele Menschen, die im medizinischen, therapeutischen oder generell helfenden Bereich arbeiten, ich bezeichne sie liebevoll als „Helfer", haben nie gelernt, sich selbst zu vermarkten oder zu verkaufen. Mit den Themen Preisgestaltung und Geld haben sich diese Personen noch nie beschäftigt. Häufig werden in diesem Bereich unterirdische Stundensätze angeboten und bezahlt. „50 Euro die Stunde nehmen doch alle, dann passt das schon", so die Meinung vieler. Für diesen Stundenlohn wird therapiert, geholfen und geheilt, und das auf einem hohen Niveau. Da vermeintlich „alle" so arbeiten, gibt es keine nennenswerten Ausschläge nach oben oder unten, schließlich gibt der Markt die Preise vor. Helfen „muss kostengünstig sein", „für alle zugänglich sein" und man „darf nicht herausstechen, sonst fliegt man vom Markt". Vielleicht erkennst du dich in diesen Aussagen wieder?

Viele „Helfer" gehen leider aufgrund dieser Glaubenssätze zwar wertschätzend mit ihren Kunden, doch leider nicht mit sich selbst um. Geld ist für viele ein Tabuthema, leider auch deshalb, weil kollektiv in unserer Gesellschaft immer noch ein negatives Bild vorherrscht.

- Reiche Menschen sind schlecht.
- Geld regiert die Welt.
- Geld ist die Wurzel allen Übels.
- Geld stinkt.
- Die Reichen haben die Macht.

Sicher kennst auch du noch einige solcher Sprüche. In der „Helferszene" möchte niemand so sein – alle möchten Gutmenschen sein und deshalb ist Geld für viele ein Tabuthema. Aus meiner Sicht muss sich jede Person, die ihr Business ernsthaft betreiben möchte, mit dem Thema Geld auseinandersetzen und ihre persönliche Beziehung zu Geld beleuchten: Was will ich überhaupt mit Geld anfangen? Was denke ich über Geld? Wie viel will ich überhaupt verdienen?

Genauso wie du in einer Beziehung nach deinem Traumpartner suchst und dich nicht mit irgendjemandem zufriedengibst, genauso darfst du auch dein Traumgehalt haben. Du darfst dir vorstellen, in deinem Traumhaus zu wohnen und auch dein Traumauto zu fahren, und zwar ganz ohne schlechtes Gewissen.

Ich empfinde es als fast schizophren (ich weiß, das ist ein hartes Wort, aber ich darf das 😉), dass wir in den Lebensbereichen Beziehung, Familie oder auch Gesundheit nach dem Besten streben und uns ein glückliches und erfülltes Leben wünschen dürfen, doch wenn du sagst, dass du auch beruflich erfüllt sein und viel Geld verdienen möchtest, dann heißt es schnell: „Das ist doch nur materiell, das ist doch nicht so wichtig, im Leben geht es doch um etwas anderes." Wenn ich so etwas höre, macht mich das traurig, denn ich sage ganz klar: Es geht immer auch um Geld. Geld ist nicht schlecht. Geld verdirbt nicht den Charakter, sondern bringt nur das zum Vorschein, was sowieso schon da ist, ganz gleich, ob positiv oder negativ. Geld macht nichts mit dir, sondern Geld ist immer so gut wie das, was du damit anfängst. Mit Geld kannst du eine Menge positiver Dinge bewirken. **Nicht nur für dich, sondern auch für andere**. Überlege einmal: Wie sehr könntest du die Welt verändern, wenn du dafür mehrere Hunderttausend Euro zur Verfügung hättest?

Viele Glaubenssätze zum Thema Geld kommen von unseren Eltern, aus unserer Familie und auch aus der Gesellschaft. Wir erleben unsere Beziehung zu Geld so, wie wir sie von unseren Eltern mitbekommen haben. Wenn unsere Eltern immer Angst hatten, Geld auszugeben, dann haben wir auch diese Angst. Wenn unsere Eltern immer knapp bei Kasse waren, dann kennen wir diesen Mangel auch. Wenn unsere Familie uns gesagt hat, dass „die Reichen aus dem Nachbarhaus schlechte Menschen sind", dann ist auch das tief in unserem Inneren verwurzelt. Und wer möchte schon ein schlechter Mensch sein? Also lautet die einfache Gleichung, die wir uns einreden: reich = schlecht! Doch ist das die Wahrheit oder sitzen wir an dieser Stelle wieder den Geschichten auf, die wir uns erzählen?

Ich wollte schon immer viel Geld haben. Ich mag Geld gerne, denn es ermöglicht mir eine Menge schöner Dinge und dazu stehe ich auch. Mein größter Traum war es früher, eine Haushälterin zu haben, um nicht mehr kochen zu müssen. Doch ich wusste lange Zeit nicht, wie ich das finanzieren sollte. Ich verdiente zwar als Ärztin vermeintlich schon gutes Geld, aber für eine Haushälterin hat es nicht gereicht. Als mir dann bewusst wurde, dass es Branchen gibt wie die Online-Coaching-Branche, die mich meinem Traum, viel Geld zu verdienen, um nie wieder am Herd zu stehen, näherbringen würde, ergriff ich meine Chance. Ich habe mir erlaubt, Ja zu sagen: Ja zu Geld und Ja zu Reichtum und Ja zu meiner Wirkung in der Welt, die ich dann haben kann, wenn ich mehr Geld zur Verfügung habe. Wenn du das auch möchtest, aber merkst, dass es Glaubenssätze gibt, die dich zurückhalten, dann stelle dir folgende Frage:

Welcher Beitrag wäre mehr Geld in meinem Leben im Moment? Wäre es ein guter oder ein schlechter Beitrag?

Zu welcher Antwort kommst du?

Erfolgstipp 13 der Millionärin mit Herz

Geld ist nicht schlecht. Geld ist das, was du daraus machst. Geld verdirbt auch nicht den Charakter, sondern Geld verstärkt das, was ohnehin schon da ist. Geld ist gedruckte Freiheit. Geld ist Liebe. Verinnerliche diese Glaubenssätze, dann steht deinem finanziellen Erfolg nichts mehr im Weg.

Kundenstory Magdalena

Magdalena ist Psychologin und hatte eine psychologische Praxis, als sie zu mir ins Coaching kam. Sie hatte genau die Einstellung, die viele Psychologen und Therapeuten haben: Helfen muss kostenlos sein. Ihr war allerdings klar, dass sie so nicht weitermachen konnte. Sie wusste zwar, dass sie zu wenig verdient, aber sie wusste nicht, warum es ihr einfach nicht gelang, ihre Preise zu erhöhen. Nach einigen Coaching-Sessions fand ich heraus, dass ihr großes Thema die unbewusste Angst war, mehr zu verdienen als ihre erfahrenen Psychologenkollegen. Sie lebte in einer kleinen Stadt und traute sich nicht, ihre Preise zu erhöhen, denn sie wollte nicht, dass andere über sie sagten: Du bist gierig! Helfen darf nichts kosten, du musst für deine Patienten da sein! Wenn du mehr Geld nimmst, kann sich nicht mehr jeder deine Unterstützung leisten! Wir haben uns diese Angst angeschaut und daran gearbeitet, dass sie für sich selbst bestimmen darf, ohne zu sehr auf das Außen zu hören. Es gibt nämlich keine richtigen oder falschen Preise. Es gab nur ihren Preis, das, was sie verdienen wollte. Als sie das verstanden hatte, erhöhte sie ihre Preise und verdient nun das, was sie verdienen möchte.

NICHTS GEHT OHNE VERÄNDERUNGEN

Wenn du die Ergebnisse, die du im Hier und Jetzt hast, nicht nur in Bezug auf Geld verändern möchtest, musst du anders denken, fühlen, entscheiden und handeln. Das gilt für alle Bereiche deiner Persönlichkeit und selbstverständlich auch deines Business.

Zu Beginn einer Veränderung steht immer das veränderte Denken. Stelle dir vor, du erlaubst dir ab sofort, mehr Geld zu verdienen, und erlaubst dir Reichtum – und ich spreche hier nicht von ein paar Hundert Euro mehr im Monat, sondern viel Geld. Erlaube dir ruhig, groß zu denken. Wie fühlt es sich an, beispielsweise fünfstellig im Monat zu verdienen? Welche Entscheidungen müsstest du dafür treffen? Fühle in dich hinein und erlaube dir dann, so zu denken und zu handeln, wie du es für richtig hältst, um dieses Ziel zu erreichen. Schaffe neue Denkweisen und dadurch neue Emotionen, die dann in neue Handlungen übergehen.

Vielleicht kennst du das Zitat von Albert Einstein, das ich an dieser Stelle sehr passend finde:

„Die Definition von Wahnsinn ist es, immer die gleichen Dinge zu tun, aber andere Ergebnisse zu erwarten."

Das bedeutet, dass du nicht nur anders denken, sondern auch anders handeln musst, um andere Ergebnisse zu erhalten. Nur mit „Manifestieren" ist es nicht getan. Du musst bereit sein, neu und anders zu entscheiden. Du musst bereit sein, die Dinge, die du bisher getan hast, hinter dir zu lassen und neue Dinge zu tun, und das jede Minute, jede Stunde und jeden Tag aufs Neue, so lange, bis deine Gedanken sich in der Realität unserer Welt manifestiert haben.

Mir ist bewusst, dass ich an dieser Stelle sehr auf das Thema Geld eingehe. Je mehr dich das triggert, umso eher darfst du dir das Thema ansehen. Ich möchte, dass du in deine volle Wirkung kommst – und dafür benötigst du Geld. Je mehr Geld du hast, desto mehr kannst du investieren, desto bessere Lehrer, Coaches und Strategen kannst du engagieren. So kannst du wachsen und immer mehr Menschen erreichen und unterstützen. Je mehr Menschen du hilfst, desto mehr veränderst du die Welt, das ist ganz simpel. Geld abzulehnen und dir vorzumachen, dass du nur wenig oder kein Geld zum Leben brauchst, ist aus meiner Sicht eine Lüge. Wir leben nun einmal in einer materiellen Welt, und diese Tatsache abzulehnen bringt dich nicht weiter. Also erlaube dir, Geld zu haben, zu investieren und zu verdienen!

Was wäre, wenn du Geld einfach in dein Leben integrierst? Wenn du deine Lust auf ein finanziell erfülltes, glückliches Leben entwickelst und dir diesen Traum erfüllst? Bist du dann ein schlechter Mensch, oder ist es nicht eher so, dass du erst dann deine volle Wirksamkeit leben kannst? Ganzheitlich, mit Körper und Geist?

Viele Menschen kommen leider nicht an die Glaubenssätze heran, die sie zum Thema Geld prägen. Sie erkennen nicht, welche hinderlichen Einstellungen sie begrenzen. Dabei ist ein gutes Money Mindset aus meiner Sicht eine der Grundlagen für Erfolg, damit du dir nicht immer und immer wieder unbewusst den Geldstrom abstellst. In meinem Kurs *A-BUNDANCE CODE – 21 Tage Money Magic* gehen wir genau diesen Dingen auf den Grund. Nach diesem Kurs haben die Teilnehmenden ein völlig neues Verständnis für Geld. Viele wissen danach konkret, wie sie sich Geld kreieren. Ich habe schon Kunden gehabt, die sich nach dem Kurs Geldsummen kreiert haben, von denen sie gar nicht richtig wussten, wo sie hergekommen sind. Andere haben sich neue Jobs kreiert, obwohl sie noch angestellt waren, und wieder andere haben sich einen Kundenstrom und neue Preise kreiert. Geldarbeit ist Innenarbeit, und wenn du merkst, dass du an Grenzen stößt, dann suche dir Unterstützung.

An dieser Stelle empfehle ich dir auch von Herzen, dir den Abundance Code-Kurs von mir zu gönnen. Dieser Kurs hat schon mehrere Tausend Menschenleben in Bezug auf finanzielle Fülle zum Positiven verändert. Wunder wurden wahr, ich bin immer wieder erstaunt darüber, was nach diesem Kurs alles passiert, und ich liebe es, meine Energie und meine besten Impulse für Fülle zu teilen, um möglichst viele zukünftige Millionärinnen mit Herz zu inspirieren. Er findet in regelmäßigen Abständen statt. Schau gleich hier, wann der nächste losgeht:

https://christinasternbauer.com/abundance-code

Möchtest du mit deiner Innenarbeit beginnen, dann empfehle ich dir folgende Vorgehensweise:

Mache dir sämtliche Bewertungen und Glaubenssätze, die du über Geld hast, absolut klar. Sei hier ehrlich, beschönige nichts. Nimm dir ein Blatt Papier und schreibe alles auf, was dir dazu einfällt, denn um etwas zu ändern, musst du dir zuerst dessen bewusst werden, was genau du ändern möchtest. Welche Glaubenssätze dienen dir noch und welche nicht? Wirf alle, die du nicht mehr brauchst, über Bord und ersetze sie durch hilfreiche Glaubenssätze. Lade das Geld förmlich in dein Leben ein.

Stelle dir vor, du möchtest eine fette Party schmeißen. Das Geld ist auch eingeladen, doch so ganz sicher bist du dir nicht, ob du es wirklich dabei haben willst. Innerlich denkst du im Verborgenen: „Geld stinkt" oder „Wenn Geld kommt, dann wird die Party schlecht". Das sagst du zwar nicht offen, aber dein Partygast, das Geld, merkt, dass es nicht wertschätzend und offen eingeladen wurde. Würdest du als Partygast zu so einem Gastgeber kommen? Vermutlich nicht. Die Party ist dein Leben, also lade Geld in dein Leben ein und freue dich schon heute darauf, wenn es dabei ist und die Party steigt. Ändere deine innere Einstellung, das ist der Anfang deiner neuen Realität.

Deiner neuen inneren Einstellung muss nun in der materiellen Welt auch eine Handlung folgen. Sei inspiriert von der Vorstellung einer genialen Party und deinen neuen, positiven Glaubenssätzen und dann handle danach. Nutze deine Vorstellungskraft und deine Energie und erlaube dir, in die Umsetzung zu kommen. Wenn du nicht bereit bist, beispielsweise in die Sichtbarkeit zu kommen, ein Live-Video zu machen, ein neues Produkt auf den Markt zu bringen oder gar zu investieren, dann wird das Geld auch nicht kommen. Du musst deinen Worten Taten folgen lassen. Ich sage immer gerne: Wir leben in einem „TUNiversum". Also handle!

Erfolgstipp 14 der Millionärin mit Herz

Die inspirierte Handlung ist das, was eine Manifestation abschließt. Eine Handlung, die deinen Gedanken, deinen Emotionen und deiner Energie folgt, ist das, was deine Vision in die materielle Welt bringt. Wir leben in einem TUNiversum, also lasse dich führen und handle inspiriert. Überlege: Was kannst du jetzt, genau in diesem Moment tun, um deine Manifestation wahr werden zu lassen?

HALTE DIE AUGEN OFFEN!

Viele Coaches da draußen versuchen dir weiszumachen, dass du nur fest genug an etwas glauben musst, um deine Ziele zu erreichen. Bei ihnen funktioniert das vermeintlich auch, zumindest erzählen sie das in ihren Posts, Videos und durch ihre Bilder. Sie werben damit, sich 30.000 Euro „mal eben" zu manifestieren, und für sie und ihre Anhänger bzw. Kunden, die genau das gleiche Prinzip weiterverkaufen, funktioniert das auch. Das ist das Prinzip Hoffnungsmarketing. Die Kurse kosten eben 30.000 Euro und mit Hoffnung lässt sich reichlich Geld verdienen (schau nur einmal auf die Kosmetikindustrie ...).

Doch lass dir gesagt sein, dass dieses Prinzip meist nur für wenige funktioniert. Konkret sind das diejenigen, die solche Programme als Erste auf den Markt bringen. Auch diese Personen manifestieren nicht nur, selbst wenn sie es suggerieren, denn auch sie handeln. Sie informieren über ihr grandioses System, schalten Werbung oder sorgen dafür, dass ihre Reichweite organisch wächst. Sie triggern ihre Follower extrem, durch Bilder von Luxus, Reisen und schicken Autos, und ganz ehrlich, wer möchte nicht durch reine Gedankenkraft Geld in sein Leben ziehen? Wäre schön, wenn das funktioniert ...

Leider sehe ich häufig bei meinen Kunden, dass sie mich anfangs verständnislos ansehen, wenn ich ihnen klarmache, dass es nicht funktionieren wird, ausschließlich bequem auf dem Sofa liegend an Geld und

Kunden zu denken. Natürlich ist dein auf Erfolg ausgerichtetes Mindset ein wesentlicher Baustein auf deinem Weg zum Erfolg, doch auch hier wieder: Du musst ins Handeln kommen – sonst passiert gar nichts!

Natürlich kannst du immer das Universum, Gott, die Allmacht, oder wie auch immer du deine spirituelle Kraft nennen möchtest, bitten, dir Inspirationen oder Eingebungen zu senden, und aus meiner Erfahrung heraus wirst du diese auch erhalten. Die Frage ist nur, ob du sie erkennen und annehmen kannst. Darauf darfst du dich trainieren. Gehe also mit bewusstem Blick und offenem Herzen durch die Welt. Vielleicht fällt dir ein Buch in die Hand, du siehst etwas auf Social Media oder dein Coach sagt dir einen Satz, der deine Welt verändern kann. Du bekommst ständig Impulse von außen, die Kunst ist, zu erkennen, was davon du annimmst und umsetzt und was nicht. Dafür brauchst du ein klares Ziel vor Augen, ein positives Mindset und ein offenes Herz. Und dann gehe einfach immer den nächsten Schritt. Wenn du nicht weiterweißt, dann bitte deine spirituelle Kraft um Inspiration, sei aufmerksam, und sobald du einen neuen Impuls bekommst, geht es weiter.

Um diese Impulse wahrzunehmen, ist es notwendig, dich zu entspannen. Viele Menschen sind so extrem mit ihren alltäglichen Aufgaben, Social Media, Kundenakquise, ihrer Familie oder sich selbst beschäftigt, dass ihre Gedanken nicht zur Ruhe kommen. Dieser „Hustle-Modus“ ist allerdings nicht nur auf geistiger, sondern auch auf körperlicher Ebene ein Problem. Zum einen benötigst du einen ruhigen Geist, um offen für neue Impulse zu sein. Zum anderen sorgt der ständige Arbeitsmodus dafür, dass viele Stresshormone in deinem Blut zirkulieren. Diese Stresshormone schränken deine geistige Aufmerksamkeit ein, du befindest dich im „Überlebensmodus“ und da ist kein Platz für inspiriertes Denken. Auch unsere Steinzeitvorfahren konnten nicht entspannt in der Höhle sitzen, um Pläne für den Sommer zu schmieden, wenn der Säbelzahntiger vor der Höhle saß. Dein Bewusstsein ist sehr viel aufnahmefähiger und offener, wenn du entspannt bist. Meditiere, geh spazieren, treibe Sport, gönne dir eine Massage und verbringe Zeit mit Freunden und Familie. Alles, was dich entspannt, wird dich dabei unterstützen, deinen Geist für neue Impulse zu öffnen.

„Nur in einem ruhigen Teich spiegelt sich das Licht der Sterne."
(aus China)

Bist du entspannt und brauchst neue Impulse, dann stelle deinem Gehirn immer wieder die Frage, die dich beschäftigt, beispielsweise: Was kann ich tun, um mehr Kunden zu gewinnen? Und dann denke nicht mehr (bewusst) daran. Dein Unterbewusstsein wird sich mit dieser Frage beschäftigen. Habe Geduld, lenke deine Aufmerksamkeit auf Impulse für die gewünschte Antwort und dann wird dir die Lösung zufallen. Eine positive Grundeinstellung ist ein weiterer Baustein für ein auf Erfolg ausgerichtetes Mindset. Fokussiere dich auf diejenigen Dinge, die in deinem Leben schon positiv sind. Ein täglich geführtes Dankbarkeitstagebuch ist dafür ein wunderbares Mittel. Dafür schreibst du jeden Tag einige Minuten lang die Dinge auf, für die du in deinem Leben dankbar bist, sowohl beruflich als auch privat. Häufig sehen wir nicht mehr, mit welchen Schätzen und Reichtümern wir schon umgeben sind. Das Dankbarkeitstagebuch wird deinen Fokus wieder auf diese Dinge lenken und du wirst noch mehr davon bekommen, wofür du dankbar sein kannst. Wenn dir anfangs noch nicht so viel einfällt, bleibe trotzdem dran. Mit der Zeit werden dir immer mehr Dinge einfallen, die du aufschreiben kannst.

Kundenstory Katja

Katja, eine ganz liebe Kundin, schrieb mir vor einigen Wochen Folgendes: „Ich habe diese Woche drei neue Kundinnen gewonnen, habe jetzt aber eine Blockade, weil die vierte Kundin gesagt hat, sie möchte meinen Kurs nicht buchen, sondern lieber den kostenfreien Kurs zur Geburtsvorbereitung von der Krankenkasse. Was habe ich falsch gemacht? Wo kann ich Schrauben drehen, was kann ich verändern?"

Meine Antwort an Katja war: „Energy flows where attention

goes." Kennst du diesen Spruch? Und weißt du wirklich, was er bedeutet? Ich fragte Katja, worauf sie ihre Aufmerksamkeit gerade richtete. Sie hatte drei neue Kundinnen gewonnen, was ein wunderbares Ergebnis war. Nur eine Kundin hatte nicht gebucht, weil diese für sich selbst entschieden hatte, dass ihr die Spezialbetreuung, also das VIP-Programm von Katja, nicht so wichtig war. Doch worauf schaute Katja? Auf die eine Kundin! Ihre Energie war also bei der Kundin, der sie nicht helfen konnte, weil sie sich nicht für ihr Programm entschieden hatte, anstatt bei den wunderbaren anderen drei Kundinnen. Was denkst du also, was du mit einer solchen Energie in dein Leben ziehst? Ganz genau – weitere Nichtkundinnen. Wenn du in Zukunft erfolgreich sein möchtest, dann darfst du als allererstes IMMER abfeiern, was du geschafft hast, anstatt deine Energie auf das auszurichten, was du nicht möchtest.

Katja hat mir damals geantwortet, es sei ihr gar nicht aufgefallen, dass sie ihre Energie auf die Nichtkundin richtete. Sie hatte sich so geärgert, doch als sie das erkannte, versicherte sie mir, dass sie sich ab sofort ganz klar positionieren wird und sich lieber über gewonnene Kunden freut, als sich über andere zu ärgern. Also – prüfe, wohin du deine Energie richtest! Je mehr du dich auf das konzentrierst, was schon super läuft und gut funktioniert, desto mehr wird dir das Leben davon entgegenbringen.

Erfolgstipp 15 der Millionärin mit Herz

Finanzieller und privater Erfolg bestehen aus drei Zutaten: Energie, Mindset und Strategie. Du musst in diese drei Bereiche deinen Fokus hineinlegen. Es liegt an dir, deine Wirkkraft so zu steuern, dass du mit Unterstützung dieser drei Elemente dein nächstes Erfolgslevel erreichst.

Holistischer Erfolg

Mit deiner „Soul Position", deinem positiven Mindset und einer Ausrichtung auf die guten Dinge in deinem Leben hast du eine gute Grundlage dafür geschaffen, holistisch erfolgreich zu werden. Holistischer Erfolg bedeutet aus meiner Sicht, dass du in allen Lebensbereichen erfolgreich bist, also erfüllt und glücklich. Ein Millionär, der unglücklich ist, weil seine Beziehung in den Brüchen liegt, ist nicht ganzheitlich erfolgreich. Ein Coach, der zwar seine Kunden umfassend betreut, dabei aber kaum Geld verdient und keine Zeit mehr für sich selbst hat, ist ebenfalls nicht in allen Bereichen erfüllt.

Mit meinem Team unterstütze ich meine Kunden zwar primär dabei, finanziell erfolgreich zu werden, doch wir arbeiten auch an allen anderen Lebensbereichen, denn wenn du ein Business hast, das zwar viel Geld abwirft, dich aber nicht erfüllt, dann ist das aus meiner Sicht kein Erfolg. Erfolg darf gerne sechsstellig sein, doch wenn dich dein Tun nicht glücklich macht, dann ist es keinen Cent wert. Du darfst dir erlauben, im Außen ein dickes Bankkonto und viele Kunden zu haben, und du darfst dir dazu Freude, Zufriedenheit und Glück im Inneren wünschen und kreieren! Daran ist nichts falsch. Verlange das Beste von deinem Leben. Erledige deine Arbeit im Außen gut und habe Freude daran, dann hast du gute Voraussetzungen, dass auch dein Inneres mitzieht und du ein ganzheitlich zufriedenes und glückliches Leben leben kannst.

Viele Menschen sind neidisch und vermuten, dass irgendetwas nicht stimmt, wenn jemand sowohl materiell erfolgreich als auch glücklich und zufrieden sein Traumleben lebt. Sie vermuten, dass da „irgendwas faul ist". Lasse dich davon nicht beeinflussen! Ich bin zutiefst überzeugt davon, dass ein solches Leben möglich ist, wenn wir bereit sind, die erforderlichen Veränderungen anzunehmen und hindurchzugehen. Ich möchte, dass alle meine Kunden sagen können: „Mein Leben ist in allen Bereichen eine Acht oder Neun von Zehn" – und nicht nur „okay".

Mein Leben war viele Jahre auch „okay". Es war nett, mehr nicht. Das war nicht das, was ich wollte. Ich wollte ein freudvolles, glückliches und prickelndes Leben. Ein Leben, auf das ich mit 80 Jahren stolz und mit Freude zurückschauen kann. Also, warum so lange warten? Fange noch heute an, an deinem holistischen Erfolg in allen Bereichen zu arbeiten: Beruf, Familie, Kinder, Freunde, Freizeit, Finanzen und deine Persönlichkeit. Und da das Business für viele von uns einen großen Teil unseres Lebens einnimmt, lohnt es sich, hierauf ein besonderes Augenmerk zu richten.

Fühlst du dich bei dem Gedanken daran schon gestresst, dann möchte ich dir noch mitgeben, dass es ganz und gar nicht verwerflich ist, sich für ein nettes Leben zu entscheiden. Viele Menschen leben ein solches Leben und das ist völlig in Ordnung. Ich habe eine Freundin, die mir ganz offen gesagt hat, dass sie bewundert, was ich mache, und mein Leben cool findet. Doch sie selbst hat sich für ein bequemes Leben entschieden. Ein nettes Leben – und das ist völlig in Ordnung! Ihr Mann ist im sozialen Bereich tätig, sie im therapeutischen. Die beiden haben ihr Haus, die Kinder, ihre festen Tagesabläufe. Sie haben es bequem und das ist für sie völlig okay.

Du triffst die Entscheidung für ein bequemes Leben oder ein geiles Leben. Finde heraus, ob dir ein nettes Leben ausreicht oder nicht. Doch wenn du aus deinem Leben ein absolutes Meisterwerk machen möchtest, dann lasse dich nicht aufhalten! Auch ich strebe nach einem genialen Leben. Ich wünsche mir fünf Sterne de luxe in allen Bereichen und ich bin auf einem guten Weg dorthin. Da du dieses Buch in den Händen hältst, vermute ich, auch dir ist ein „nettes" Leben nicht genug und auch du möchtest lieber „all in" anstatt nur „Frühstücksbüfett". Gib dich also nicht mit weniger zufrieden, als dir zusteht, und öffne dich für die Möglichkeiten in deinem Leben!

Dafür musst du nicht unbedingt morgens um vier Uhr aufstehen und eine Stunde meditieren. Wenn du das gerne machen möchtest, ist es völlig in Ordnung, aber ich halte nicht viel von Zwang. Sorge stattdessen lieber für eine Grundhaltung in deinem Leben, dass du dich nur mit dem Besten zufriedengibst und dir das erfüllteste und glücklichste Leben erschaffen wirst, das du eben erschaffen kannst. Überlege, was du jetzt, heute, morgen und nächste Woche optimieren kannst, doch bitte nicht mit Druck, sondern entspannt (denke an die Stresshormone und unsere Steinzeitvorfahren). Wenn du dann merkst, du kommst an der einen oder anderen Stelle nicht weiter, ist ein Blick von außen seitens eines Coaches natürlich sehr hilfreich.

Coaches oder Mentoren sind Menschen, die schon dort sind, wo du hinwillst. Sie haben das entsprechende Mindset, die Energie und Strategien, die du brauchst, um auch dorthin zu kommen. Sie zeigen dir Abkürzungen, die du noch nicht kennst, und zeigen dir Wege und Lösungen auf. Natürlich kannst du rein theoretisch auch alles alleine schaffen. Du kannst dir Bücher besorgen wie dieses, sie lesen und die nötigen Schritte auf deinem Weg zum Ziel umsetzen. Das dauert deutlich länger und nicht alle bringen die entsprechende Disziplin dafür auf, die erforderlichen Schritte auch tatsächlich zu gehen. Ein Coach oder Mentor ist jemand, der dich auf deinem Weg anspornt und, falls nötig, den Finger in die Wunde legt, wenn es stockt. Aber lass dir gesagt sein: Kein Coach setzt etwas für dich um, ins Tun musst du selbst kommen.

In unseren Mentorings betreuen wir Menschen wie dich, die den nächsten Schritt gehen möchten. Die erkannt haben, dass so viel mehr PS in ihnen stecken, als sie derzeit auf die Straße bringen. Ambitionierte Personen, die wissen wollen, was noch alles möglich ist – zukünftige Millionärinnen mit Herz. Dafür arbeiten wir gemeinsam an den Bausteinen, die du in den folgenden Kapiteln kennenlernst.

Kundenstory Franziska

Franziska hat ein tolles Abnehmprogramm zu bieten. Sie ist als Bewegungstherapeutin und Ernährungsberaterin eine Topexpertin auf diesem Gebiet. Bevor sie zu uns ins Coaching kam, hatte sie ihr erstes Verkaufsgespräch, in dem sie voller Begeisterung und Energie war. Auch das Mindset hat gestimmt, trotzdem schaffte Franziska es nicht, ihrer Interessentin klarzumachen, was für unfassbar tolle Ergebnisse das Coaching für sie hätte, wenn sie bereit wäre, in sich zu investieren. Die Interessentin sagte ab.

Obwohl Franziska viel Energie hatte und ihr Mindset passte, fehlte ihr noch ein ganz wesentliches Element: die Business-Strategie. Viele Menschen vergessen, dass hinter Business nicht nur Energie und Mindset, sondern auch ein großer Teil Strategie steht. In Franziskas Fall fehlte ihr einfach nur eine Verkaufsstrategie, die wir mit unseren Kunden sehr oft trainieren. Im Grunde geht es darum, den Kunden klarzumachen, dass jedes Investment in sich selbst ein Investment in ihre Zukunft ist und somit jedes Geld wert ist, solange der Preis angemessen ist. Erfolg hat drei Komponenten: dein Mindset, deine Energie und eine gute Strategie. Wir haben Franziska dann gecoacht und ihr gezeigt, wie sie mit Einwänden im Verkaufsprozess umgeht, und tatsächlich: Der nächste Kunde schloss bei ihr ab.

Mindset – Energie – Strategie

Dein Mindset ist der große Rahmen, die Grundlage für holistischen Erfolg. Dazu kommt deine Energie. Überlege einmal: Welche Energie hast du, wenn du über verschiedenste Themen in deinem Business nachdenkst, sprichst oder sie umsetzt? Ist es eine positive oder negative Energie? Bist du eher energiegeladen oder schlapp? Hier ist eine Menge Entwicklungspotenzial, deshalb sehen wir uns diesen Bereich ganz genau an. Als letzter Punkt folgt dann die Strategie, die auf Mindset und Energie aufbaut.

Vielleicht denkst du dir jetzt, dass diese Herangehensweise seltsam ist, denn schließlich sollte doch das strategische Vorgehen im Vordergrund stehen, oder? Zumindest wird uns das in Schule, Studium, Elternhaus und auch Beruf eingeredet. Doch wenn du nur strategisch arbeitest, ohne mit der passenden Einstellung und einer hohen positiven Energie an alles heranzugehen, dann bist du wieder im „Hustle-Modus". Du rennst von Baustelle zu Baustelle und versuchst irgendwie zu reparieren, was geht. Das hat nichts mit Strategie zu tun.

Also arbeite an deinem Mindset und deiner Energie, damit die Strategie, die darauf basiert, in ihre maximale Wirkung kommen kann. Auf diesen drei Grundlagen – Mindset, Energie und Strategie – basieren auch die spirituellen Erfolgsgesetze, die wir in unseren Mentorings vermitteln.

SPIRITUELLE ERFOLGSGESETZE

In unserer Welt, die auf stetigem Handeln basiert, dürfen wir nicht vergessen, den spirituellen Erfolgsgesetzen Raum zu geben. Neben unserem Handeln ist unser Geist, also unser Denken und unsere Seele und Energie, eine wichtige Grundlage. Alles auf dieser Welt ist Energie und mit allem, was du tust oder denkst, bringst du Energie in die Welt. Wenn du lernst, deine Energie auf das auszurichten, was du in deinem Leben haben möchtest, und dann deine Handlungen danach ausrichtest, dann erleichtert dir das deutlich deinen Weg zum Erfolg – du handelst nach den spirituellen Erfolgsgesetzen.

Das, was wir denken, bestimmt unsere Realität, davon hast du schon in einem der vorigen Kapitel erfahren. Um es dir noch etwas deutlicher zu machen, hier ein Beispiel: Stell dir vor, du trägst eine Sonnenbrille, die alle roten Farbtöne herausfiltert. Du siehst die Welt also auf einmal anders: Es gibt kein Rot mehr. Deshalb ist die Farbe nicht verschwunden, du nimmst sie nur nicht mehr wahr. Gehst du nun mit einer positiven Grundeinstellung durch deine Tage, dann filtert diese Grundeinstellung viele Dinge heraus, die du gar nicht wahrnimmst. Genauso wie die Sonnenbrille die Farbe Rot. Du nimmst die Kassiererin, die einen schlechten Tag hat, deine Kinder, die muffelig sind, oder das schlechte Wetter gar nicht mehr wahr. Stattdessen schaust du durch deine „Positivbrille", wünschst der Kassiererin einen schönen Tag, heiterst deine Kinder auf und freust dich, dass du deine Blumen nicht gießen musst. Das, was du denkst, bestimmt das, was du wahrnimmst und erlebst, und damit auch dein Handeln, mit dem du andere Menschen und Seelen wiederum beeinflussen kannst.

Unsere Seelen sind meiner Meinung nach nicht zufällig hier auf der Erde. Deine Seele ist hier, weil es für sie auf dieser Welt etwas Bestimmtes zu erleben und zu entdecken gilt. Sie ist mit einem Auftrag in diese Welt gekommen, mit einer gewissen Art und Weise zu sein. Diesen Auftrag zu entdecken und das Bewusstsein dafür zu wecken, was dieser Auftrag genau beinhaltet, das darfst du herausfinden.

Warum bist du auf dieser Welt? Was möchtest du verändern?

Wenn du auf deine innere Stimme der Seele, deine Herzensstimme hörst und ihr vertraust, dann entsteht holistischer Erfolg – in allen Lebensbereichen.

Holistischer Erfolg kommt in dein Leben, wenn du dein Denken, deine Seele und dein Handeln in Einklang bringst. Dann entfaltet sich Magie, du kommst in den „Flow". Alles gelingt dir scheinbar mühelos. Du handelst inspiriert und trägst Energie in die Welt. Mit jedem Tag entdeckst du mehr und mehr deine Seelenaufgabe. Du bist nicht mehr im „Hustle-Modus" gefangen, sondern dein Tun entspringt deinen Gedanken und deinem Herzen, Energie entsteht wie von selbst. Klingt das nicht wunderbar?

Fake it till you make it

Das klingt definitiv alles gut und schön. Holistischer Erfolg. Volle Wirkkraft. Energie und Herzensbusiness, neue Geschichten und ein passender Money-Schuh. Ganz schön viele Dinge, auf die du achten darfst. Ja, das stimmt. Am Anfang mag es aussehen wie ein riesiger Berg. Doch glaube mir, auch dieser Berg lässt sich bezwingen. Stell dir einmal vor, wie die Aussicht von dort oben sein wird!

„Auch der längste Weg beginnt mit dem ersten Schritt."
(Chinesische Weisheit)

Solange du noch nicht dort bist, wo du hinmöchtest, darfst du trotzdem die Aussicht genießen und so tun, als ob du schon dort wärst, wo du hinwillst, und zwar auch und insbesondere in deinem Business. Vielleicht denkst du jetzt, ich sei verrückt geworden, doch bitte keine Sorge: Ich möchte dir natürlich nicht empfehlen, dass du deine Kunden betrügen oder Versprechen machen sollst, die du nicht halten kannst. Doch an manchen Stellen kann der Satz „Fake it till you make it" dich aus deiner Komfortzone holen.

Wenn du beispielsweise in Social Media live gehst, dann agiere so, als ob du das schon 1000-mal gemacht hättest. Coache deine Kunden mit völliger Überzeugung von deiner Leistung so, als ob du schon Hunderte Kunden gecoacht hast. Stelle dein Mindset auf Erfolg. Denke und handle so, als ob du schon 10.000 Euro im Monat verdienst. Du bist auf dem Berg! Doch bleibe bitte dabei ehrlich und authentisch. Ich rate dir nicht, dass du irgendwelche Lügen nach außen transportieren sollst. Menschen spüren Lügen, sie spüren, wenn du unecht bist und ihnen vielleicht als Anfänger vormachen möchtest, dass du schon erfolgreicher Coach bist, dabei aber noch nie einen Kunden gewonnen hast. Oder, dass du vorgibst, schon Millionen zu verdienen, obwohl du letzten Monat nicht wusstest, wie du deine Miete zahlen sollst.

Es geht hierbei vielmehr um deine innere Überzeugung und Haltung. Wie würdest du agieren, wenn du schon zehnmal live gegangen wärst? Wie würdest du deine Coachings durchführen, wenn du schon viele Kunden begleitet hättest, wie agieren, wenn dein Konto voll wäre? Tauche innerlich in dein Zielbild, stell dir vor, wie du auf dem Gipfel des Berges stehst, aber lüge dabei nie und vor allem, trage niemals irgendwelche Lügen nach außen. Wenn du authentisch bist, dir deines Wissens und deiner Erfahrung bewusst bist, dann brauchst du nicht zu schummeln. Gehe stattdessen voller Freude nach draußen, präsentiere dich von deiner besten Seite, gib den Leuten Mehrwert und kommuniziere deutlich und klar deine „Soul Position“. Richte dich innerlich auf deinen Erfolg aus und gib volle Energie in alles, was du tust – dann brauchst du im Außen nichts vorzugeben und Menschen werden zu dir hingezogen.

Denke immer daran – da draußen gibt es Menschen, denen du helfen kannst. Diese Menschen würden bei dir kaufen, wenn sie wüssten, dass es dich gibt! Du brauchst also kein ausgefeiltes Branding oder durchdesigntes Image. Ich erlebe in meinen Coachings immer wieder, dass Menschen diese Dinge als Ausreden benutzen: „Meine Webseite steht noch nicht, meine Visitenkarten sind noch nicht fertig, meine Fotos gefallen mir nicht.“ Alles nur, um nicht nach außen zu gehen. Doch du brauchst nur dein Herz, deine Seele und deine Expertise, um dich zu zeigen und den Menschen klarzumachen, dass du ihnen helfen kannst. Also gehe raus und hebe die Welt aus den Angeln!

Erfolgstipp 16 der Millionärin mit Herz

Stelle dir vor, dass du den Erfolg, den du dir so sehr wünschst, schon einmal hattest. Spüre die Energie in deinem Körper, spüre die Inspiration, die sich durch dieses Gedankenspiel ergibt. Stelle dir vor, du könntest dir alles, was du jetzt brauchst, um „Fake it till you make it" wirklich zu verkörpern, downloaden, dir also aus dem Universum herunterziehen. „Fake it till you make it" bedeutet nichts anderes, als dass wir in der Zeit oder im Raum ein bisschen vorspulen oder in ein anderes Universum springen – ja, das klingt vielleicht spooky, funktioniert aber tatsächlich! Versetze dich also genau in die Energie, die du haben möchtest. Probiere es aus und lasse dich überraschen, was alles möglich ist!

Neukunden über Social Media gewinnen

Um die Welt aus den Angeln zu heben, benötigst du Geld. Und wer bringt dir Geld? Kunden.

Viele Millionen Menschen sind täglich auf den bekannten Social-Media-Plattformen wie Facebook, Instagram, Youtube, LinkedIn oder weiteren unterwegs – auch deine zukünftigen Kunden. Also nutze dieses wunderbare Tool, um dein Angebot in die Welt zu tragen, dich zu präsentieren und Reichweite aufzubauen. Wichtig bei der Nutzung ist es, dass du dich so darstellst, wie du gesehen werden möchtest: Gib dich authentisch, nahbar und doch professionell. Bevor du loslegst, solltest du dir folgende Dinge klarmachen:

- Welche Botschaft möchtest du nach außen tragen?

Diese basiert auf deiner „Soul Position".

- Welche Art der Botschaft passt zu dir? Womit fühlst du dich am wohlsten?

Das können bei dem einen eher Texte oder Bilder sein, beim anderen eher Videos. Probiere aus, wie du deine Inhalte gut vermitteln kannst und was bei deiner Zielgruppe ankommt.

- Welcher Social-Media-Kanal passt zu dir?

Für jeden Social-Media-Kanal gibt es Strategien. Auch die Zielgruppen sind unterschiedlich. Welcher Kanal bietet die Eigenschaften, die du brauchst? Wo fühlst du dich wohl? Auf welchem Kanal sind deine Kunden unterwegs? Auf welchem Kanal beherrschst du die Technik bzw. kannst dich am schnellsten einarbeiten?

Für den Anfang empfehle ich dir, dich nur auf einen Kanal zu beschränken. Du musst nicht sofort alle verfügbaren Medien nutzen. Konzentriere dich lieber darauf, einen Kanal regelmäßig mit wertvollen Inhalten zu bespielen. Auf jeder Plattform gibt es viele Menschen, für die dein Angebot interessant ist. Sobald du einen Kanal beherrschst, solltest du überlegen, wie du deine Präsenz auf andere Kanäle übertragen kannst. Denke hier bitte schon wie eine Unternehmerpersönlichkeit: Erstelle die Inhalte einmalig und dein Team oder für den Anfang auch externe Dienstleister verteilen dann die Inhalte auf die verschiedenen Kanäle. Möchtest du alles selbst machen, bist du mit nichts anderem mehr beschäftigt, als Social Media zu pflegen, Interessenten zu antworten, dich zu vernetzen und zu zeigen. Wann willst du dann noch an deinen Programmen, mit deinen Kunden oder an deinem Unternehmen arbeiten? Denke daran, deine Zeit ist wertvoll, also nutze sie sinnvoll.

ERZÄHLE GESCHICHTEN

Da mittlerweile so viele Nutzer und damit auch Anbieter auf Social Media unterwegs sind, ist es natürlich nicht mehr ganz einfach, mit deiner Botschaft herauszustechen. Um Menschen auf dich und dein Angebot aufmerksam zu machen, empfehle ich dir, das Mittel des sogenannten „Storytelling“ zu nutzen.

Storytelling ist eine sehr elegante Art und Weise, Kunden zu gewinnen und Vertrauen aufzubauen. Erzähle den Menschen Geschichten. Entweder solche, die du selbst erlebt hast, oder solche, die deine Kunden erlebt haben. Menschen lieben Geschichten. Schon immer wurden Geschichten von Generation zu Generation weitergetragen und eine gute Geschichte fasziniert auch heute noch. Ziehe die Menschen in deinen Bann, indem du ihnen erzählst, was sie von einer Zusammenarbeit mit dir erwarten können. Nicht platt über eine simple Werbebotschaft wie „Kauf mich" – das funktioniert heute nicht mehr. Verpacke dein Angebot, den Schmerz deiner Kunden und das Ergebnis, das sie aus einer Zusammenarbeit mit dir erzielen können, elegant in eine Geschichte. So gelangst du ins Herz deiner Kunden.

Storytelling ist ein geniales Marketinginstrument, mit dem du dich nahbar und authentisch zeigen kannst und Vertrauen aufbaust. Erinnerst du dich noch an meine Geschichte vom Anfang des Buches? Wie ich nach der durchgearbeiteten Nacht daran dachte, dass ich nur 45 Euro verdient hatte? Das ist Storytelling. Zwar gibt es in dieser Geschichte auch Fakten, doch du hast auch spüren können, wie verzweifelt ich war und wie ungerecht ich es fand, nur so wenig zu verdienen. Gutes Storytelling transportiert nicht nur Fakten, sondern Emotionen, denn durch Gefühle können sich Menschen mit dir verbinden.

Dabei muss Storytelling nicht nur schriftlich passieren, auch in Videos funktionieren Geschichten ausgezeichnet. In unserem Kundenmagnetprogramm erhalten Kunden eine komplette Ausbildung zum Thema Copywriting, also Werbetexten, sodass sie auch lernen, wie sie ihre Story perfekt vermarkten können.

NICHT NUR KUNDEN ...

Als ich 2017 das erste Mal in die Social Media eingetaucht bin, war ich absolut begeistert. Hier gab es so viele Menschen mit ähnlichen Interessen, ähnlichen Werten und Vorstellungen über das Leben, das fand ich unglaublich bereichernd. Bisher war ich nur in meiner Ärzte- und Klinik-Blase unterwegs gewesen und fühlte mich wie ein Alien mit meinen Ansichten, die so gar nicht in das bestehende System passten. Doch plötzlich erkannte ich, dass da noch mehr Menschen auf der Welt waren, die genauso tickten wie ich! Das war ein sensationelles Gefühl. Endlich war ich nicht mehr alleine. Ich begann also, mich mit diesen Menschen zu vernetzen. Ich folgte ihren Social-Media-Kanälen, schrieb sie an, wenn mir ihr Profil gefiel, und so entstand nach und nach ein spannendes Netzwerk von ähnlich denkenden Menschen. Das waren nicht alles Ärztinnen oder Ärzte, nein, diese Menschen hatten ganz unterschiedliche Professionen. Alle waren in ihren eigenen Geniezonen unterwegs und konzentrierten sich auf ihre Schwerpunkte. So ergaben sich nicht nur spannende und bereichernde Kontakte, sondern mit der Zeit auch Kooperationsmöglichkeiten und Empfehlungen.

Doch der wichtigste Punkt war damals, dass ich merkte, dass ich mit meinen Vorstellungen von einem richtig fantastischen Leben gar kein Außenseiter war. Die Menschen, mit denen ich mich vernetzte, tickten genauso wie ich. Das war einfach großartig, endlich fühlte ich mich nicht mehr falsch und fehl am Platz, sondern traf auf Menschen, die sogar noch größer dachten als ich. Wo ich bisher gebremst wurde, leider auch von meinem Umfeld, wurde ich jetzt herausgefordert.

Social Media sind also nicht nur ein geniales Tool zur Kundengewinnung, sondern auch, um Menschen zu finden, die dich unterstützen, begleiten und inspirieren. Ein gutes Netzwerk an Gleichgesinnten über Social Media zu schaffen ist nicht nur gut für dein Mindset, sondern auch für deinen beruflichen Erfolg.

Bevor ich Social Media entdeckte, war ich häufig auf Netzwerkveranstaltungen unterwegs. Doch an einem Abend konnte ich dort vielleicht mit zehn Menschen sprechen, von denen nur eine Person wirklich spannend für mich war – und ich für sie. Durch Social Media kann ich heute vorselektieren, mit wem ich mich verbinden möchte, und erreiche in kürzerer Zeit eine viel größere Menge an Menschen. Wenn du etwas brauchst, dann fragst du in deinem Netzwerk, ob jemand jemanden kennt, der helfen kann. So können in kürzester Zeit große, bereichernde Netzwerke entstehen.

Bewegst du dich in einem Umfeld, das zu dir und deinen Zielen passt, dann hast du es deutlich leichter, diese auch zu erreichen. Wenn du dich nur mit Menschen umgibst, die alle mehr wollen vom Leben und über sich hinauswachsen möchten, dann trägt dich dieses Netzwerk ein Stück. Es unterstützt dich, fordert dich heraus und macht dir Mut.

Es lässt dich spüren, dass du nicht falsch bist, weil du groß träumst, dass du nicht geldgeil bist, weil du Millionär werden möchtest. Nein, es zeigt dir, dass du so richtig bist, wie du bist, und feiert gemeinsam mit dir deine Erfolge.

Es gibt ein Sprichwort, das besagt, dass du der Durchschnitt der fünf Menschen bist, mit denen du dich am meisten umgibst. Überlege an dieser Stelle einfach einmal, mit welchen Menschen du dich gerade umgibst. Sind das Menschen, die dich groß sehen wollen? Die deine Erfolge mit dir feiern? Dir Mut machen? Dich unterstützen, wenn es nicht gut läuft? Oder sind es eher Bremser, Nörgler und Zweifler? Auch wenn das an dieser Stelle hart klingt: Du musst gut selektieren, mit wem du dich umgibst, wer dich unterstützt und wer dich bremst, und notfalls musst du dich von Menschen trennen. Um zu wachsen, darfst du lieb gewordene Gewohnheiten und auch Menschen hinter dir lassen, auch wenn es schmerzhaft ist.

Wenn du dich entwickelst und wächst, dann ändert sich dein soziales Gefüge automatisch, denn viele Menschen aus deinem Umfeld werden nicht mehr „mitkommen“. Das hat nichts damit zu tun, dass du „falsch“ bist, sondern, dass diese Menschen sich eben nicht weiterentwickeln möchten. „Erfolg macht einsam“ ist ein Satz, der dann häufig fällt – und wer möchte schon einsam sein? Vielleicht hindert dich dein Umfeld bisher sogar an deinem Erfolg, doch du traust dich noch nicht, einen Schritt heraus zu machen, weil du nicht einsam sein möchtest?

Begibst du dich auf deinen Weg, dann sorge für ein gutes Netzwerk, auch wenn es virtuell ist. Ich habe online schon so viele wunderbare Menschen kennengelernt, manche von ihnen sind sogar zu Freunden geworden. Menschen, die mich unterstützen und die ich häufig sogar irgendwann einmal offline treffe.

Social Media können dir also nicht nur Kunden bescheren, sondern Gleichgesinnte, Unterstützer und ein inspirierendes Umfeld. Nutze die

Möglichkeiten, die die Online-Welt dir bietet, und fange noch heute damit an.

DEIN START IN DIE ONLINE-WELT

Bist du irgendwann so weit, dass du mit deiner einzigartigen „Soul Position", deinem Angebot und deiner einzigartigen Persönlichkeit zahlreiche Kunden gewinnst und gute Umsätze machst, stößt du wahrscheinlich an Grenzen. Grenzen, die meist durch deine zeitliche Verfügbarkeit bedingt sind. Schließlich kannst du im Eins-zu-eins-Kontakt nur einen Kunden coachen. Du kannst nur einen Post schreiben, nur ein Video drehen in der Zeit, die dir zur Verfügung steht. Doch du willst noch mehr Menschen erreichen, noch mehr Menschen unterstützen und damit noch mehr Geld verdienen, das dich in deine volle Wirkkraft bringt. Digitalisierung und Skalierung sind an dieser Stelle deine nächsten Schritte.

Digitalisierung ist in aller Munde. Doch was bedeutet dieser Begriff überhaupt? Digitalisierung ist viel mehr, als nur Dokumente zum Download anzubieten. Mittlerweile lässt sich fast alles digitalisieren. Von der Terminbuchung über die Rechnungsstellung bis hin zum Onboarding deiner Kunden kannst du eine Vielzahl von Prozessen in deinem Unternehmen in die digitale Welt auslagern. Wenn du dein Business auf das nächste Level heben möchtest, kommst du aus meiner Sicht an Digitalisierung nicht mehr vorbei. Ich weiß, dass viele Ärztinnen und Ärzte, Therapeutinnen und Menschen, die bisher nur von Angesicht zu Angesicht mit anderen Menschen gearbeitet haben, hier viele Fragen haben. Wie sollst du die sehr individuelle Arbeit, die du bisher am Menschen leistest, digitalisieren?

Ich bin überzeugt davon, dass Digitalisierung in den allermeisten Fällen möglich ist. Selbst wenn du gerade noch keine Ahnung hast, wie das bei dir aussehen soll, gibt es meist einen Weg. Manchmal müssen wir gemeinsam mit unseren Kunden etwas forschen, welche Inhalte und welches vorhandene Wissen wir digitalisieren können, doch gefunden haben wir bisher immer Möglichkeiten. Wer will, findet Wege, wer nicht will, findet Gründe!

Jede Person hat Wissen, das in einen Online-Kurs verpackt werden kann, auch du. Durch Digitalisierung kannst du mit deinem Angebot viel mehr Menschen erreichen als bisher. Du kannst dein Wissen noch so viel mehr Menschen zur Verfügung stellen, noch mehr Menschen inspirieren, ihnen weiterhelfen, auf ihrem Lebensweg unterstützen.

Auch du hast Wissen, das für viele Menschen relevant ist. Überlege einmal, was könnte das bei dir sein? Bist du beispielsweise Physiotherapeut, dann weißt du, dass es vorbeugende Übungen für Menschen gibt, die viel sitzen und unter Verspannungen leiden. Oder du hast Übungen für Menschen mit Meniskusschäden, die sie auch zu Hause machen können. Auch Meditationen kannst du online anleiten. Genau dieses Wissen kannst du Menschen online zur Verfügung stellen, und das in unterschiedlichsten digitalisierten Formaten. Ob das nun ein Videokurs, ein Audiokurs, Anleitungen zum Download oder Informationen sind, die du per E-Mail versendest, das ist ganz individuell.

Mittlerweile gibt es zahlreiche Dienstleister, die sich darauf spezialisiert haben, dein Wissen in ein digitales Produkt zu verwandeln, das musst du gar nicht selbst machen. Habe bitte keine Angst vor der Technik! Du musst dir nur überlegen, welches Wissen du den Menschen zugänglich machen kannst und auf welche Art und Weise dies am besten geschehen sollte. Die technische Umsetzung ist heutzutage meist kein Problem mehr. Selbst für einen Videokurs benötigst du nur ein gutes Smartphone und eine Plattform, auf die du die Videos hochlädst, um sie dort deinen Kunden zur Verfügung zu stellen. Du siehst, es gibt keine Ausreden. Denke daran, dass du so viel mehr Menschen erreichen kannst als bisher, wenn du dich entscheidest, dein Wissen online zur Verfügung zu stellen. Wie viel mehr Leben könntest du verändern? Und was bedeutet das für dich?

Erfolgstipp 17 der Millionärin mit Herz

Oft liegt das, womit wir Geld verdienen können, so viel näher, als wir denken. Dafür darfst du überlegen – was fällt dir so leicht, dass du das Gefühl hast: Das ist doch so easy, das kann doch jeder? Oft liegen genau hier unfassbare Möglichkeiten. Das, was uns am leichtesten fällt, ist auch das, womit wir am schnellsten online Geld verdienen können. Nur weil es uns so leichtfällt, halten wir es für nichts Besonderes. Was wäre allerdings, wenn ein anderer Mensch, der genau das nicht kann, was dir so leichtfällt, für diese Leistung Geld bezahlen würde? Gehe bitte einmal ein paar Tage in dich und frage dich: Was fällt dir so leicht, dass du denkst, das ist aber gar nichts Besonderes? Hier liegen unfassbare Möglichkeiten.

KEINE AUSREDEN!

Wenn du nun vielleicht noch überfragt bist, wie du direkt einen Videokurs mit Mitgliederbereich und allem Pipapo aufbauen sollst, dann hier mein Vorschlag, um auf einfache Art und Weise in die Online-Welt zu starten:

Biete deine Leistungen, die du bisher offline anbietest, einfach online an. Über eine Videokonferenz-Software, wie beispielsweise Zoom, kannst du dein Wissen an einzelne Personen weitergeben, fast so, als ob sie vor dir sitzen. Starte mit wenig Technikaufwand und etabliere weitere Technik, wie eine Webseite oder einen Online-Kurs, dann, wenn du schon einige Zeit online arbeitest. Baue dir dann ein Team auf, das diese Dinge für dich umsetzt. Denke hier von Anfang an unternehmerisch! Unternehmerpersönlichkeiten machen nicht mehr alles selbst. Sie machen das, was sie am besten können, worin sie unschlagbar sind – und das ist bestimmt nicht, Videos zu schneiden oder mit Musik zu unterlegen. Was ist deine Kernkompetenz? Weshalb kommen Kunden zu dir und wofür bezahlen sie dir (bisher) Geld?

Das ist das, was du anfangs nach außen trägst, und das mit möglichst kleinem technischem Aufwand. An dieser Stelle tappen viele in die „selbst und ständig"-Falle. Da vielleicht noch nicht so viel Geld verfügbar ist, versuchen sie, alles selbst zu machen. Sie investieren viel Zeit in irgendwelche Technik, Videoschnitt oder Dinge, die nicht zu ihrer Expertise gehören. Das Ergebnis fällt entsprechend aus, meist eher mittelmäßig. Dazu kommt, dass diese Zeit für die Weiterentwicklung des Programmes, des Unternehmens oder, noch schlimmer, für die Kundenbetreuung fehlt! Du musst investieren, wenn du vorankommen möchtest! Entweder Zeit oder Geld.

Also investiere klug und überlege gut, womit du Menschen für den Anfang am besten weiterhelfen kannst. Ist es ein perfekter Videokurs oder ist es vielleicht ein Eins-zu-eins-Coaching via Zoom? Schaue hier, dass du erst einmal auf möglichst unkomplizierte Weise und ohne zu viel Technikaufwand etwas Geld verdienst. Damit hast du eine Grundlage, um in Technik, Skalierung und ein Team zu investieren. Mit jedem Coaching, das du durchführst, lernst du dazu. Du wirst merken, dass du mit deinen Kunden immer wieder an ähnlichen Fragestellungen arbeitest. Notiere dir diese Dinge gut, denn genau daraus lassen sich später Kurse oder Videos entwickeln, die du gleichzeitig vielen Menschen zur Verfügung stellen kannst. Kombinierst du das mit individuellen Gesprächen oder Gruppencalls, beispielsweise via Zoom, hast du schon dein erstes digitalisiertes und skaliertes Produkt.

Hier noch ein Geheimtipp für dich: Du musst deine Kurse gar nicht bis ins letzte Detail ausarbeiten, bevor du sie verkaufst. Ich empfehle dir sogar, das nicht zu tun und deine Kurse gemeinsam mit deinen ersten Kunden zu entwickeln. Wenn du startest, hast du zwar eine Idee, was du anbietest, und natürlich solltest du dir eine grobe Struktur zurechtlegen. Doch letztlich weißt du gar nicht, was deine Kunden genau von dir brauchen. Deine Kunden geben den Weg vor, den sie gehen wollen und müssen. Das bedeutet für dich: Verkaufe deine Kurse, bevor du sie überhaupt fertig hast. Dafür brauchst du noch keine Videos oder digitalisierte Online-Bereiche, dafür benötigst du ausschließlich dein Wissen und deine Persönlichkeit.

Es gibt so viele Anbieter, die fertige Kurse in der Schublade haben, die nie verkauft werden, weil sie am Bedarf vorbei entwickelt und produziert wurden. Niemand kauft diese Kurse, dabei haben sie viel Zeit, Geld und Energie gekostet. Vielleicht sagst du jetzt: „Das kann ich doch nicht machen! Unfertige Kurse verkaufen!" Doch kannst du und solltest du. Deine Kunden erhalten genau die Leistung, die sie benötigen, zum richtigen Zeitpunkt. Du hast die Möglichkeit, in Ruhe alles perfekt auf den Bedarf abzustimmen. Eine absolute Win-win-Situation. Ich gebe alle Kurse, die ich neu entwickle, live, beispielsweise als Fünf-Tage-Workshop. Morgens gehe ich live, zum Beispiel in einer geschlossenen Facebook-Gruppe, und vermittle die Inhalte des Kurses. Ich kann mit den Teilnehmenden interagieren und sofort spüren, ob meine Inhalte ankommen. Abends gibt es dann eine zweite Session für Fragen und Antworten, manchmal noch ein PDF dazu zur Bearbeitung. Wenn ich abends in der Frage-/Antwortsession merke, dass die Teilnehmenden ganz andere Schwerpunkte haben, als ich ursprünglich dachte, dann kann ich das für den finalen Videokurs berücksichtigen. Wenn alle Live-Sessions stattgefunden haben, habe ich einen guten Überblick, ob mein Kurs funktioniert. Ich arbeite neue Erkenntnisse noch ein, mache einige Worksheets dazu und verkaufe den Kurs dann. Für mich eine perfekte Vorgehensweise, ganz ohne großen zeitlichen Aufwand, viel Technik oder „Schuss ins Blaue". Und meine Kunden erhalten genau das, was sie gerade brauchen, anstatt irgendwelcher Videos aus der Konserve.

Natürlich ist ein solcher Aufbau nicht für jeden etwas. In unseren Programmen arbeiten wir gemeinsam mit unseren Kunden heraus, welche Art von Kurs für sie für den Einstieg optimal wäre. Nicht jeder fühlt sich in einem Facebook-Live wohl. Daher gibt es zahlreiche Möglichkeiten, wie du vorgehen kannst. Wenn du mehr darüber erfahren möchtest, dann buche dir gerne hier einen Termin für ein unverbindliches Strategiegespräch und entdecke, was für dich möglich ist:

www.christinasternbauer.com/strategiegespraech

Nicht zögern, machen!

Hast du nun Lust bekommen, dein Business auf das nächste Level zu heben und dein Angebot zu digitalisieren? Möchtest du nicht nur dein Wissen, sondern auch deine Energie und deine Herzensverbindung nach außen tragen?

Wenn du von Anfang an die richtigen Weichen stellst und mit gut durchdachten Strategien loslegst, dann kannst du irgendwann dein Business automatisieren und ein passives Einkommen generieren und viele Menschen im Herzen erreichen. Wie eben beschrieben, führe ich anfangs meine Kurse live durch. Danach werden sie optimiert, automatisiert und ich muss persönlich gar nicht mehr dabei sein. Trotzdem haben meine Kunden natürlich geniale Erfolge mit diesen Kursen, denn sie bekommen genau die Inhalte, die sie benötigen, und dazu meine Energie. Automatisierte Kurse bedeuten nicht automatisch weniger Qualität, aus meiner Sicht eher das Gegenteil.

Am Anfang steht immer das Problem deiner Kunden, am Ende die Lösung. Dazwischen findet die Transformation statt. Welche einzelnen Schritte sind dafür notwendig? Wenn du diese Schritte identifiziert hast, machst du daraus einzelne Kurskapitel, beispielsweise als Videos, Audios oder PDF-Dokumente mit Impulsen und vielleicht noch Übungen. Oder du machst nur Live-Coaching-Termine und dazu schickst du ein paar Übungen per E-Mail an deine Kunden. Das kann alles automatisiert passieren. Dazu kannst du Messenger-Support anbieten, indem du dringende Rückfragen per Sprachnachricht beantwortest, oder auch E-Mail-Support. Jedes Format, das du gut bedienen kannst und das deine Kunden auf ihrem Weg optimal unterstützt, ist möglich. Schau hier einfach, was für dich, deine Inhalte und deine Kunden am besten passt.

Für den Anfang empfehle ich dir, die Kurse nicht länger als zwei Monate laufen zu lassen. Gerade wenn du startest, ist es eine Herausforderung, deine Energie und auch die Energie deiner Teilnehmenden über einen längeren Zeitraum hinweg aufrechtzuerhalten, insbesondere, wenn der Preis noch relativ niedrig ist. Du darfst erst einmal in den Prozess hineinfinden, Kunden begleiten und deinen Kurs stetig verbessern.

Wir entwickeln unsere Kurse gemeinsam mit unseren Kunden. Unsere Kursstrukturen orientieren sich daran, was unsere Kunden wollen, das ist ein fortlaufender Prozess. Du brauchst also nicht den ganzen Kurs erst einmal fertig zu machen, um ihn zu verkaufen. Im Gegenteil, mache ein Modul fertig, gewinne dafür Kunden, verkaufe deinen Kurs und dann stelle ihn fertig. Übrigens machen das sehr viele Coaches so. Manche verkaufen sogar ein halbes Jahr vorher schon ihre Kurse, von denen sie nur den Arbeitstitel und den ungefähren Inhalt vorbereitet haben. Stelle dir einmal vor, welche Motivation du haben wirst, deine Kurse zu erstellen, wenn du sie bereits verkauft hast? Bestimmt mehr, als nur „ins Blaue hinein“ irgendwelche Videos aufzunehmen, von denen du nicht einmal weißt, ob du sie verkaufen wirst.

Diese Vorgehensweise hat sich absolut bewährt. Viele Expertinnen und Experten machen hier einen großen Fehler. Sie denken, sie wissen genau, was die Kunden brauchen, wie genau der Lösungsweg aussehen muss, und deshalb arbeiten sie direkt alles aus. Doch die Wahrheit ist, dass deine Kunden oftmals etwas ganz anderes benötigen. Etwas, an das du vielleicht gar nicht mehr denkst, weil es für dich schon selbstverständlich ist. Wichtig ist doch, dass deine Kunden ihre Ziele erreichen und nicht du ihnen deinen Weg aufdiktierst, weil du ihn für den einzig richtigen hältst. Bleibe während des gesamten Prozesses immer nah an deinen Kunden, dann erzielen sie gute Ergebnisse und sind zufrieden.

Erfolgstipp 18 der Millionärin mit Herz

Baue deine Kurse nicht zu umfangreich auf. Gib nur so viel Input wie nötig, damit deine Kunden von A nach B kommen. So viel, dass sie die gewünschte Transformation erreichen können. Wir alle haben heutzutage wenig Zeit. Wir möchten schnelle, effiziente Lösungen für unsere Probleme. Du musst deinen Kunden nicht von Anfang an dein gesamtes Wissen zur Verfügung stellen, also überfrachte deine Kurse nicht. Gib deinen Kunden stattdessen das, was sie brauchen. Optimiere deinen Kurs stetig, wenn du bemerkst, dass noch Inhalte fehlen.

DEIN TEAM

Wenn du immer weiter digitalisierst, Kurse aufzeichnest und immer mehr Menschen betreust, wirst du irgendwann nicht mehr alles alleine schaffen. Auch die Arbeit mit Freelancern ist dann irgendwann nicht mehr der richtige Weg, denn du brauchst Menschen, die mit dir gemeinsam deine Vision verfolgen.

„Christina, wann ist der richtige Zeitpunkt, um mir ein Team dazuzuholen?“ Das ist eine Frage, die mir dann vielfach gestellt wird, und daher möchte ich an dieser Stelle kurz darauf eingehen.

Auch bei der Digitalisierung kann es passieren, dass du dich auf einmal wieder im wohlbekannten Hamsterrad befindest – diesmal eben online. Du gehst live, drehst Videos, machst Kundenakquise, vernetzt dich und nebenher entwirfst du Programme, steuerst dein Unternehmen, machst deine Buchhaltung und kommunizierst mit dem Steuerberater. Ach so, und dann coachst du natürlich auch noch. Dabei kannst du schnell an deine zeitlichen und auch energetischen Grenzen kommen. Daher empfehle ich dir, es gar nicht erst so weit kommen zu lassen. Stellst du fest, dass du auf einmal lauter Dinge machst, die du gar nicht machen wolltest, und weißt gar nicht mehr, wann dein letzter Urlaub war, erzielst aber mittlerweile stetig gute Umsätze, dann ist es Zeit, dir

Unterstützung zu suchen. An dieser Stelle zögern viele Expertinnen und Experten. Schließlich müssen neue Personen eingearbeitet werden und du musst Zeit und Geld in sie investieren. Eine Investition, die nicht unbedingt sofort Früchte trägt. Doch bitte zögere an dieser Stelle nicht zu lange. Schreibe dir auf, welche Aufgaben dir überhaupt keinen Spaß machen, denn diese rauben dir nicht nur Zeit, sondern vor allem Energie. Energie, die du nicht mehr dafür nutzen kannst, deine Kunden zu betreuen und dein Unternehmen weiterzuentwickeln. Wenn du noch niemanden fest einstellen möchtest, dann greife vorerst auf virtuelle Assistenten zurück, die freiberuflich für dich tätig sind.

Doch um dein Unternehmen richtig aufzubauen und zu wachsen, benötigst du ein Team. Ich bin damals mit einer Assistentin gestartet, die das Onboarding unserer Kunden übernommen hat. Schritt für Schritt kamen Vertriebler, Texter oder auch technische Assistenzen dazu, die sich um die Kurse oder meine Webseite gekümmert haben. Ich habe alles ausgelagert, was mir Energie raubt. Letztlich kommt das nicht nur mir zugute, sondern auch meinen Kunden, denn ich bin nicht abgelenkt dadurch, dass ich mich mal wieder um die neueste Datenschutzerklärung für meine Webseite kümmern muss, sondern ich kann mich voll und ganz meinen Kunden und ihren Herausforderungen widmen, und das in meiner vollen Kraft.

Wenn du regelmäßig fünfstellig im Monat verdienen möchtest, kommst du an einem Team nicht vorbei. Denke daran – du möchtest coachen und kein Facebook-Ads-Profi werden. Investiere also lieber früher als später in ein Team, das dich unterstützt, es wird sich langfristig auszahlen. Zögerst du hier zu lange, wird dein Business stagnieren und du drehst dich weiter im Hamsterrad. Darunter leidet nicht nur die Qualität deiner Coachings, sondern irgendwann auch deine Gesundheit und das ist es auf keinen Fall wert.

Erfolgstipp 19 der Millionärin mit Herz

Sobald du es dir leisten kannst, lagere all die Dinge aus, die dich mehr Energie kosten, als du zur Verfügung hast, oder auf die du einfach keine Lust hast. Manchmal, insbesondere wenn wir noch recht frisch im Business sind, haben wir Angst davor, Geld für Dienstleister auszugeben, und machen vieles lieber selbst. Das Problem daran: Wir brauchen oft viel länger als ein Profi und es kostet uns Energie. Am Ende ist deine Energie aber das, was deinen Erfolg ausmacht. Auszulagern und frühzeitig Dienstleister an Bord zu holen kann also deine Energie auf einem hohen Level halten.

Manifestiere dir das Business, das du wirklich willst

Als Selbstständiger oder Unternehmer kannst du dein Business genauso entwerfen, wie du es haben willst. Du kannst es wie einen Maßanzug an deine Bedürfnisse, Wünsche und dein Wesen anpassen. Über dein Business kannst du deine gesamte Schöpferkraft in die Welt tragen, in deiner optimalen Wirksamkeit sein. Du kannst dich mit deiner Essenz ausdrücken, deine „Soul Position" leben.

Du kannst dir aussuchen, mit wem du arbeitest, kannst diejenigen Leute stärken, die optimal von dir und deinem Angebot profitieren. Dein Business ist Ausdruck deines wahren Seins. Ja, lies das noch mal! Denn genau so ist es. Du entscheidest, wie du es haben willst.

Ich bin der festen Überzeugung, dass sich mit fast allem Geld verdienen lässt. Die Kunst ist herauszufinden, was du anbieten kannst, was du liebst und was der Markt braucht. Es kann zwar sein, dass du für ein Thema brennst, aber wenn es dafür keinen Bedarf gibt, dann darfst du deine Positionierung mit einem Blick auf den Markt anpassen. Gibt es Menschen, die dieses Angebot benötigen und es kaufen wollen? Gibt es andere Anbieter, die damit schon erfolgreich sind? In welchem Bereich liegt deine Superkraft? Das herauszufinden ist nicht ganz einfach, denn häufig haben wir selbst keinen neutralen Blick mehr auf unsere

Fähigkeiten. Wir nehmen sie als „normal" wahr.

Als ich noch als Ärztin tätig war und in der Klinik arbeitete, hatte ich keine leichte Zeit. Ich hatte damals schon zwei Kinder, eines davon war erst eineinhalb Jahre alt und zu Hause hatten wir eine Baustelle statt eines gemütlichen Zuhauses. Gleichzeitig arbeitete ich in der Psychiatrie mit harten Fällen wie etwa langjährigen Suchtkranken, was ebenfalls meinen kompletten Einsatz forderte. Trotzdem war ich in allen Bereichen voller Energie und wurde immer wieder gefragt: „Christina, wie machst du das? Wie schaffst du es, hier in der Klinik Vollgas zu geben und dich dann noch um deine Familie und die Baustelle zu kümmern? Und dich dabei auch noch abzugrenzen?" Für mich war das allerdings selbstverständlich, ich fand das normal, es war nichts Besonderes für mich. Nach der Arbeit fuhr ich nach Hause und ließ während der Autofahrt meinen Klinikalltag hinter mir. Morgens auf der Fahrt zur Arbeit war es ähnlich, dann dachte ich nicht mehr an meine Baustelle und das Chaos, das zu Hause herrschte. Da aber immer wieder diese Fragen seitens unterschiedlichster Personen auftauchten, wurde mir klar, dass es anscheinend nicht so selbstverständlich war, so zu agieren, wie ich dachte.

Viele Menschen, die mich ansprachen, konnten es nicht. Sie nahmen die Arbeit mit nach Hause oder ihre familiäre Situation mit zur Arbeit. Manche hatten durch die Doppel- oder Dreifachbelastung keine Power mehr, weder für die Arbeit noch für die Familie. Doch mir fiel die Arbeit leicht und auch zu Hause managte ich alles mit Spaß und Freude. Als ich mehr und mehr feststellte, dass ich in diesem Bereich anscheinend eine besondere Gabe hatte, wurde mir klar, dass ich damit anderen Menschen helfen konnte. Daraus entstand mein erstes Produkt, mein Coaching: *Vom Sensibelchen zur Leading Lady.*

Ich arbeitete in diesem Coaching intensiv mit meinen Kunden daran, sich besser abzugrenzen und in ihre Kraft zu kommen, nicht mehr den Eindruck zu haben, sich nur um andere zu kümmern. Alle Themen aus dem Kurs basierten auf meiner Erfahrung, meiner Superpower. Ich hatte mir meine unbewusste Kompetenz bewusst gemacht – das war der Start in mein Online-Coaching-Business. Häufig liegt unsere Aufgabe oder Berufung gar nicht in irgendeiner großartigen Sache. Viele denken, dass unsere Berufung etwas ganz Besonderes, etwas Großes sein muss. Doch meist liegt sie eher in den kleinen Dingen. Dingen, die uns gar nicht auffallen, von denen wir denken, dass sie doch jeder können oder wissen muss. Vielleicht liegt deine besondere Gabe darin, Geschichten gut in Worte zu fassen oder ein Team aufzubauen. Oder du hast die Gabe, Menschen empathisch zuzuhören. Wahrscheinlich ist deine Superpower etwas, was dir leichtfällt und dir nicht einmal mehr auffällt. Um herauszufinden, was genau das ist, ist ein Blick von außen sehr hilfreich. Ich erkenne beispielsweise zügig, welche besonderen Schätze und Fähigkeiten in den Menschen stecken, alleine schaffen sie das häufig nicht. Wenn du damit auch Probleme hast, dann suche dir Unterstützung, einen Blick von außen. Vermutlich wirst du dann bald entdecken, was dich einzigartig macht.

Viele reden in diesem Zusammenhang von USP – der Unique Selling Proposition, dem einzigartigen Verkaufsvorteil. Ich glaube, du brauchst gar keine solchen komplizierten englischen Begriffe. Was du brauchst, ist jemand, der dich dabei unterstützt, herauszufinden, was dich einzigartig macht. Lebe deine persönliche Einzigartigkeit und deine Authentizität! Du bist einzigartig, und wenn du dir erlaubst, das herauszulassen und zu feiern, dann hast du automatisch eine USP.

Das Online-Business wird mehr und mehr zum Charakterbusiness. Alles Wissen und alle Themen sind schon mehrfach abgedeckt und jederzeit an jedem Ort verfügbar. Reines Wissen kauft niemand mehr. Menschen möchten von Menschen kaufen, mit denen sie sich verbinden können. Deine Aufgabe ist es also, den Menschen da draußen klarzumachen, was dich besonders macht. Nutze deine „Soul Position", deine Sprache, dein Wording, deine Energie und vor allem dein Herz und entwickle daraus deine USP.

Du brauchst auch nicht unbedingt eine Website, um erfolgreich zu sein, oder gar ein Buch. Was du brauchst, sind ein Smartphone, ein Social-Media-Profil und ein Angebot. Als ich meine erste Website gestaltet habe, hatte ich schon mehrfach sechsstellige Monatsumsätze. Lass dir also lieber eine Website designen, wenn du das Geld dafür hast, anstatt irgendetwas selbst zu basteln. Vor allem gib dir Zeit. Du benötigst ein, zwei Jahre, um alles aufzubauen. Woher willst du denn wissen, was du auf die Website schreiben sollst, wenn du noch gar nicht weißt, was genau deine Kunden wollen? Was genau deine Positionierung, dein Angebot ist? Lerne zuerst einmal, wer deine Kunden sind. In welcher Sprache du sie am besten erreichst. Was du schreiben musst, damit Kunden sofort erkennen, dass du die Lösung für ihr Problem hast.

Niemand kauft nur wegen einer schicken Website irgendetwas bei dir (und wenn du noch nicht sichtbar bist, findet sie sowieso niemand). Sorge also lieber dafür, dass du auf Social Media nah- und erlebbar wirst. Ich bin der festen Überzeugung, dass die bisherigen, eher unpersönlichen Marketingtools, wie unter anderem E-Mail-Marketing, mittel- bis langfristig nicht mehr funktionieren werden. Biete den Kunden stattdessen ein Erlebnis! Sei online, mache Videos, lasse deine Kunden dir Fragen stellen, sie deine Energie spüren. Lasse deine Seele wirken und deine Kunden berühren. So etwas kann fast keine Website leisten.

Kundenstory Claudia

Claudia kam zu mir ins Coaching, weil sie sich selbstständig machen wollte, um freier zu sein. Sie hatte als Zahnärztin allerdings überhaupt keine Ahnung, was sie machen sollte. Also arbeiteten wir zuerst an ihrer Struktur. Wir sahen uns Praxisabläufe an und coachten ihr Team, sodass sie sich erst einmal etwas entspannen konnte. Da sie nun etwas mehr Zeit und Ruhe hatte, wollte Claudia sich ein Online-Business aufbauen. Doch womit? Wir schauten uns ihr Business an und das, was sie besonders gut konnte, und schon war die Idee geboren: Als Zahnärztin arbeitete Claudia gerne mit einem bestimmten Gerät. Schon immer hatte sie anderen Zahnärzten dieses Gerät erklärt, sodass diese es in ihren Alltag integrieren konnten. Also entwickelte Claudia ein spezielles Coaching-Programm für andere

Zahnärzte, indem sie online erklärte, wie das Gerät funktioniert und wie man es optimal einsetzt. Mit diesem Coaching-Programm ist sie seither äußerst erfolgreich.

Du siehst also: Manchmal liegt die Lösung so nahe, und es ist überhaupt nicht kompliziert, herauszufinden, was du gerne machst. Sehr häufig ist es sogar so, dass das, was dir so leichtfällt, von dem du denkst, dass niemand es braucht, genau deine Berufung ist.

SELBSTZWEIFEL

Es ist nicht einfach, sich für die Möglichkeiten zu öffnen, die die Online-Welt bietet. Es ist nicht einfach, deine Seele und dein Herz authentisch nach außen zu tragen. Dich verletzlich zu zeigen. Auch für mich war das anfangs nicht einfach und ich litt unter Selbstzweifeln. Der Glaubenssatz „Ich bin nicht gut genug" begleitete mich täglich. Sichtbarkeit war zwar nicht mein Problem, das konnte ich gut meistern, doch sobald etwas nicht ganz glatt lief, zweifelte ich sofort an mir. Damals machte ich mir bewusst, dass ich einfach ein Typ Mensch bin, der Fehler eher bei sich selbst sucht als bei anderen. Das anzunehmen, ohne es zu bewerten, brachte mich schon ein gutes Stück weiter. Dann lernte ich, meine Selbstzweifel anzunehmen, ohne mich von ihnen aufhalten zu lassen. Heute gebe ich ihnen keine Bedeutung mehr, sie sind wie ein Hintergrundgeräusch.

Du kannst entscheiden, ob du dich von deinen Zweifeln aus der Fassung bringen lässt oder sie wahrnimmst, aber nicht beachtest, so lange, bis sie dich nicht mehr stören. Viele meiner Kunden, auch sehr erfolgreiche, haben heute genau die gleichen Selbstzweifel wie ich. Es ist also nicht schlimm, Selbstzweifel zu haben, doch schenke ihnen nicht zu viel Beachtung und gehe deinen Weg.

Ein weiteres lähmendes Element, das dich daran hindert, durchzustarten, können Ängste sein. Viele von uns haben Ängste, insbesondere, wenn wir etwas Neues starten. Auch ich habe manchmal Angst. Angst vor neuen Schritten, vor Ungewohntem. Doch ich glaube, dass ein entscheidender Unterschied zwischen den Menschen, die sehr erfolgreich sind, und denjenigen, die nicht erfolgreich sind, nicht ist, dass die Erfolgreichen überhaupt keine Ängste oder Zweifel mehr haben, sondern, dass sie es trotzdem machen.

Sie schenken ihren Ängsten und Zweifeln keine Energie, geben ihnen keine Bedeutung oder Aufmerksamkeit. Stattdessen gehen sie hinaus in die Welt und machen weiter. Meist erlebst du im Tun, dass es doch klappt, dass deine Ängste unbegründet waren.

Je weniger Bedeutung du deinen Zweifeln oder Ängsten beimisst, umso weniger werden sie. Ganz wirst du sie nie los, doch du kannst lernen, mit ihnen umzugehen und dich nicht von ihnen aufhalten zu lassen. Auf jedem Level, auf dem du dich befindest, sei es nun noch ganz am Anfang oder auch, wenn du schon mehrere Jahre auf dem Markt bist und gute Umsätze machst, hast du deine Glaubenssätze, Zweifel und kommst an deine Grenzen. Ich kenne niemanden, der komplett zweifelsfrei sein „Ding durchzieht".

Mich selbst nehme ich da nicht aus. Auch bei mir gelingt nicht alles und manchmal gibt es auch bei mir Produkte, die überhaupt nicht gut laufen. Das ist völlig normal und gehört zum Prozess, mich stetig zu hinterfragen und zu verändern.

Stelle dir einmal vor, du möchtest den Ort oder die Stadt, in der du wohnst, verlassen. Du kommst zum Ortsausgangsschild. Der vertraute Ortsname ist durchgestrichen, ab hier beginnt das Unbekannte. Über dem durchgestrichenen Ortsnamen, deiner Heimat, deiner Komfortzone, steht der neue Ortsname: Angst.

Du verlässt also das Gewohnte, den Ort, wo es keine Angst gibt. Im Gewohnten ist alles bequem, vertraut und gemütlich. Dort gibt es keine Zweifel. Doch wenn du dich auf den Weg machst, diese Komfortzone zu verlassen, kommst du an Grenzen, innerlich wie äußerlich, und das ist völlig normal und Teil des Prozesses. Es gibt aus meiner Sicht kein Wachstum, ohne dass es rumpelt und knirscht. Das Ortsschild ist nur ein

Hinweis: Du entscheidest, ob du dich auf den Weg machst oder nicht, neue Wege gehst oder nicht, Neues entdeckst oder nicht. Manchmal musst du Umwege fahren und manchmal kommst du vielleicht auch gar nicht an.

Aber wenn du es nicht versuchst, bleibst du für immer in deinem gewohnten Ort, deinem System, deiner Komfortzone und erzählst dir immer und immer wieder die gleichen Geschichten. Du entwickelst dich nicht weiter. Weder für dich selbst noch für die Menschen, die du inspirieren kannst. Ich möchte das nicht, wie sieht es mit dir aus?

Erfolgstipp 20 der Millionärin mit Herz

Angst und Selbstzweifel gehören zum Spiel dazu. Die Frage ist nur, wie du damit umgehst. Erfolg bedeutet nicht, keine Angst und keine Selbstzweifel mehr zu haben, sondern trotzdem weiterzugehen. Das nächste Mal, wenn du Angst hast oder zweifelst, betrachte deine Angst von außen: Aha, da kommt eine Angst vorbei, aber ich mache trotzdem weiter. Die Betonung liegt ganz klar auf dem Wort trotzdem. Damit verschwindet die Angst zwar nicht, doch du lässt dich nicht mehr von ihr beherrschen und „machst dein Ding".

Habe Mut!

Deshalb möchte ich dir zum Abschluss unbedingt Mut machen. Mut dazu, aufzubrechen und deine Möglichkeiten zum Aufbau eines Online-Business zu nutzen. Trage das, was dich bewegt und berührt, in die Welt! Wenn du eine Berufung hast, Menschen weiterbringen möchtest, dann lebe sie und zögere nicht. Durch Social Media kannst du heute viel mehr Menschen erreichen, als jede Anzeige in einer Zeitschrift es kann. Also nutze unbedingt diese Möglichkeiten für dich. Hör auf, Zeit gegen Geld zu tauschen.

Wenn du anfängst, die Online-Welt für dich zu erobern, hast du erst einmal einen Coaching-Kunden, für den du Zeit aufwendest und dafür Geld bekommst. Doch irgendwann wirst du in einer Coaching-Stunde nicht mehr nur einen Kunden, sondern vielleicht drei betreuen und irgendwann sogar zehn. Das ist Skalierung. Damit wirst du freier und kannst dir dein Leben so gestalten, wie du es möchtest. Du erschaffst dir einen Alltag nach deinen Vorstellungen. Jeder Mensch ist einzigartig, mit all seinen Bedürfnissen, Herausforderungen und auch seinem Wissen. Und genauso einzigartig sind deine Möglichkeiten.

Wenn du bis hierhin gelesen hast, dann hast auch du den Wunsch, dein Wissen an Menschen weiterzugeben, sonst hättest du das Buch direkt zur Seite gelegt. Dann gibt es etwas in dir, das du nach außen tragen möchtest. Dann wünschst du dir vielleicht, dein Angebot mit weniger

Aufwand als bisher an deine Kunden zu bringen. Den Schritt von der Off- in die Online-Welt zu gehen. Jetzt gilt es, den Mut zu haben, dich für das nächste Level zu entscheiden. Der nächste Grad an Online-Sichtbarkeit und Strategie wartet auf dich!

Wenn du so weitermachst wie bisher, wirst du aus meiner Sicht irgendwann deine PS nicht mehr so auf die Straße bringen können, wie deine Kunden es verdienen. Vielleicht wirst du sogar deiner Klienten oder Patienten überdrüssig. Ich habe schon viele Menschen erlebt, die ihren Job irgendwann nicht mehr aushalten konnten, genauso wie ich. Menschen, die ihre Motivation verloren hatten. Wenn du nun so weitermachst wie bisher, wird dieser Punkt irgendwann kommen. Bei manchen früher, bei manchen später. Deshalb ist genau jetzt der Zeitpunkt gekommen, den ersten Schritt zu gehen. Den ersten Schritt auf dem Weg in dein neues Leben.

Wenn ich damals den Schritt in die Online-Sichtbarkeit nicht gewagt hätte, dann würde es mir wahrscheinlich auch nicht schlecht gehen, aber ich würde viel mehr arbeiten für viel weniger Geld. Wahrscheinlich hätte ich eine Praxis für Psychiatrie und Psychotherapie, die auch gut laufen würde. Ich hätte ein gutes Einkommen und würde wahrscheinlich 50 Stunden und mehr die Woche arbeiten. Zeit für meine Familie und meine Kinder hätte ich wohl kaum noch und ich wäre örtlich gebunden. Ich hätte kein inspirierendes Team um mich, keine weltoffenen Menschen, die alles aus ihrem Leben herausholen möchten, die Millionärin mit Herz werden möchten. Stattdessen wäre ich eine Einzelkämpferin, vielleicht noch mit einer Sprechstundenhilfe, und ich müsste ständig überlegen, wie ich mir einmal drei Wochen Urlaub am Stück gönnen könnte. Dazu kämen Abrechnungen mit den Kassen und den Patienten. Keine besonders lohnenswerte Vorstellung – zumindest für mich. Vielleicht geht es dir genauso?

Heute schnappe ich mir meinen Laptop und arbeite von überall auf der Welt. Ich bin umgeben von kreativen Persönlichkeiten und kann auch meine Kreativität voll ausleben. Und ich habe noch viel vor! In zehn Jahren möchte ich ein Multimillionen-Unternehmen haben, das viele

Menschen in der Persönlichkeitsentwicklung und im Business unterstützt. Ich möchte noch mehr geniale Produkte anbieten, die wahren Mehrwert für meine Kunden bieten. Gemeinsam mit meinem Team plane ich Live-Events, Selbstlernkurse und auch Persönlichkeitsentwicklungsseminare an besonderen Orten. Ich möchte mit Menschen zusammenarbeiten, die die Welt verändern wollen, die sich ein Business und ein Leben aufbauen möchten, das ihnen zu 100 Prozent entspricht. Gleichzeitig möchte ich mein Leben genießen, noch zehn oder fünfzehn Stunden pro Woche arbeiten und den Rest der Zeit mit meiner Familie und meinen Kindern genießen, meinen Hobbys nachgehen und reisen, wohin ich möchte. Unternehmer verändern die Welt, und mit meinem Unternehmen möchte ich einen Beitrag zu einer wunderbaren Welt leisten. Ich will im Leben anderer Menschen Wirkung entfachen, möchte sie glücklich sehen, denn das macht mich glücklich.

Auch du darfst auf dieser Welt glücklich sein. Du darfst finanziell frei sein. Geld darf zu dir fließen und du darfst es mit dem verdienen, was du liebst, mit deiner ganz einzigartigen „Soul Position". Du darfst dich weiterentwickeln und verändern, um deinen Beitrag zu leisten, Menschen zu inspirieren und in dieser Welt einen Unterschied zu machen.

Ich wünsche dir, dass du in deine volle Wirkung kommst und deine volle Schöpferkraft entfaltest. Dass du mehr Glück in allen Lebensbereichen hast, nicht nur in deinem Business – dass du so leben kannst, wie du es dir wünschst. Mit Körper, Geist und Seele und aus vollem Herzen. So wie ich auch. Gehe noch heute den ersten Schritt in dein neues Leben. Worauf wartest du noch?

Erfolgstipps der Millionärin mit Herz:

- **Nr. 1:** Am Beginn jeder Reise in das freie und große Leben steht die Erlaubnis, dass du alles haben, sein und erleben darfst, was du dir wünschst.
- **Nr. 2:** Beginne, bevor du bereit bist.
- **Nr. 3:** Dein Lieblingskunde ist der Kunde, dessen Probleme, dessen Erleben, dessen Denken und dessen Fühlen du so gut kennst wie deine Westentasche.
- **Nr. 4:** Finger weg vom Portemonnaie deines Kunden.
- **Nr. 5:** Erst wenn du richtig gut verkaufen kannst, ergeben Freebies Sinn.
- **Nr. 6:** Verkaufen ist Liebe.
- **Nr. 7:** Erfolg hat drei Buchstaben: TUN.
- **Nr. 8:** Akzeptiere das Scheitern als Teil des Spiels.
- **Nr. 9:** Geh einen Tag in den Schuhen deines Lieblingskunden durchs Leben.
- **Nr. 10:** Vertraue darauf, dass auf diesem Weg zu deinem Erfolg genau die richtigen Menschen zu dir kommen werden.
- **Nr. 11:** Viele Tipps zum Manifestieren findest du hier:
- https://christinasternbauer.com/manifestieren-ohne-schischi/
- **Nr. 12:** Für Miniausgaben von dir bezahlst du Geld und erhöhst damit

deine Reichweite.

- **Nr. 13:** Geld ist nicht schlecht. Geld ist das, was du daraus machst.
- **Nr. 14:** Die inspirierte Handlung ist das, was eine Manifestation abschließt.
- **Nr. 15:** Finanzieller und privater Erfolg bestehen aus drei Zutaten: Energie, Mindset und Strategie.
- **Nr. 16:** Fake it till you make it.
- **Nr. 17:** Was fällt dir so leicht, dass du denkst: Das ist aber gar nichts Besonderes?
- **Nr. 18:** Optimiere deinen Kurs stetig, wenn du bemerkst, dass noch Inhalte fehlen.
- **Nr. 19:** Sobald du es dir leisten kannst, lagere all die Dinge aus, die dich mehr Energie kosten, als du zur Verfügung hast, oder auf die du einfach keine Lust hast.
- **Nr. 20:** Erfolg bedeutet nicht, keine Angst und keine Selbstzweifel mehr zu haben, sondern trotzdem weiterzugehen.

Urheberrecht

Haftungsausschluss

Der Autor übernimmt keinerlei Gewähr für die Aktualität, Korrektheit, Vollständigkeit oder Qualität der bereitgestellten Informationen und weiteren Informationen. Haftungsansprüche gegen den Autor, welche sich auf Schäden materieller oder ideeller Art beziehen, die durch die Nutzung oder Nichtnutzung der dargebotenen Informationen bzw. durch die Nutzung fehlerhafter und unvollständiger Informationen verursacht wurden, sind grundsätzlich ausgeschlossen, sofern seitens des Autors kein nachweislich vorsätzliches oder grob fahrlässiges Verschulden vorliegt. Alle Angaben wurden vom Autor mit größter Sorgfalt und nach bestem Wissen und Gewissen recherchiert oder spiegeln seine eigene Meinung wider. Der Inhalt des Buches passt möglicherweise nicht zu jedem Leser und die Umsetzung erfolgt ausdrücklich auf eigenes Risiko. Es gibt keine Garantie dafür, dass alles genau so, bei jedem Leser, zu genau den gleichen Ergebnissen führt. Der Autor und/oder Herausgeber kann für etwaige Schäden jedweder Art aus keinem Rechtsgrund eine Haftung übernehmen.

Der Autor hat bei der Erstellung dieses Buches sämtliche Informationen und Ratschläge mit Sorgfalt recherchiert und geprüft. Sie ersetzen jedoch keinen medizinischen Rat. Daher erfolgen alle Angaben ohne Gewähr. Verlag und Autor übernehmen keine Haftung für Schäden oder Nachteile, die sich aus der Umsetzung der in diesem Buch dargestellten

Inhalte ergeben. Der Leser erkennt dies an. Sollten Sie unter Erkrankungen leiden oder sich unsicher sein, ob die Informationen und Techniken, aus diesem Buch, auch für Sie geeignet sind, dann suchen Sie vorab bitte unbedingt einen erfahrenen Arzt oder Heilpraktiker auf.

Impressum

Dr. Christina Sternbauer

Sternbauer Life Design

Schubertstraße 8

78464 Konstanz

www.christinasternbauer.vom

team@christinasternbauer.com

https://www.instagram.com/dr_christinasternbauer/

https://www.facebook.com/groups/herzintelligent.reich/

Covergestaltung: Casandra Krammer – www.casandrakrammer.de

Covermotiv: © storyset, © kjpargeter, © rawpixel.com – freepik.com